捧 读

触及身心的阅读

这样教育，我家孩子上了哈佛

●阿吾——著●

中国友谊出版公司

图书在版编目（CIP）数据

这样教育，我家孩子上了哈佛 / 阿吾著. -- 北京 ：
中国友谊出版公司，2021.8
ISBN 978-7-5057-5265-8

Ⅰ．①这… Ⅱ．①阿… Ⅲ．①家庭教育 Ⅳ．①G78

中国版本图书馆 CIP 数据核字（2021）第 145208 号

书名	这样教育，我家孩子上了哈佛
作者	阿吾
出版	中国友谊出版公司
发行	中国友谊出版公司
经销	新华书店
印刷	宝蕾元仁浩（天津）印刷有限公司
规格	880×1230 毫米　32 开
	7.5 印张　138 千字
版次	2021 年 8 月第 1 版
印次	2021 年 8 月第 1 次印刷
书号	ISBN 978-7-5057-5265-8
定价	49.80 元
地址	北京市朝阳区西坝河南里 17 号楼
邮编	100028
电话	（010）64678009

contents　　　　　　　　　　　　　　**目录**

第六章 孩子的独立性、抗压性和未来发展的可能性 🎧

✎ 编者序

这本书的作者阿吾有很多种身份。当然，我们每个人都可能有很多种身份，但"很多种身份"，并不仅仅表现于一个人在各种社会角色之间的转换上。我指的是，他在不同的领域都做出了让人瞩目的成就，因而也就以在该领域的身份给人带来了鲜明的印象。

比如说，他是著名诗人。他于 20 世纪 80 年代创作的诗歌《相声专场》是进入了当代文学史的作品，并被选入了 2001 年人民教育出版社出版的中学《语文》教材。

再比如说，他是著名策划人。20 世纪 90 年代，《人民日报》评选"全国十大策划人"，他就列身其中。

他是 TCL 集团的首任品牌总监，曾主导中国女排为 TCL 代言、刘晓庆为 TCL 品牌做广告等项目。我们站在 30 年后的今天，已经很难想象在那个时代做这样的事情所引发的轰动效应了。

而在获得这些身份之前，他首先是个学霸。

出生于普通家庭的阿吾，自己摸索出学习经验，16 岁就考上了北京大学，23 岁获得了中国社会科学院研究生院的硕士学位。

他在有了自己的孩子之后，也以同样的教育理念、教育方法来培养孩子。

阿吾有三个儿子。大儿子戴保罗，1995 年出生，先后就读于香港理工大学和香港中文大学。二儿子戴权益，1997年出生，本科就读于北京大学，与父亲阿吾成为校友；后来考入美国的哈佛大学读研究生，又拿到硕士学位。三儿子叫戴摩西，2001 年出生，现就读于新西兰维多利亚大学的法律专业。

可以说，阿吾在对孩子的教育上非常成功。2018 年 1 月，他在国内举办了一场关于家庭教育的讲座，获得了在座家长极为强烈的反响。由此，他萌发了开办教育培训机构的想法。今天，他的这个想法已经落地实施，而这本书正是他关于家庭教育最核心、最有效的方式方法的汇总和精华。

愿这本书能够有效地帮助每一位在家庭教育中感到迷惘的家长，愿每一个孩子都能成长为对社会、对家庭有用，并有能力获得幸福的人！

2021 年 5 月

序　章　**最好的教育**
　　　　是无为的教育

一、人生的起跑线在哪里?

天下父母最大的愿望，莫过于孩子成才。近年来，家长们常常挂在嘴边的一句话是"不要让孩子输在起跑线上"。可是有趣的是，大多数家长未必清楚孩子这一生的起跑线到底在哪儿。

我们先来看一则星云大师与信众的对话——

众：请问法师，我的小孩不听话、不爱学习怎么办？

师：您影印过文件吗？

众：影印过。

师：如果影印件上面有错字，您是改影印件还是改原稿？

有人答道：改原稿。

师：应该原稿和影印件同时改，才是最好。父母是原稿，家庭是影印机，孩子是影印件。孩子是父母的未来，父母更是孩子的未来。

（场内立刻响起雷鸣般的掌声。）

这段对话说明一个简单而深刻的道理——想要孩子一路成长得顺利，日益优秀，不仅要改变孩子，家长也要改变自己!

如果说年龄是孩子人生起跑线上的时间点，家长就是孩

子人生起跑线上的空间点。

家长不想让孩子输在起跑线上，首先就不要输在自己身上！希望孩子优秀的同时，必须认识到：最好的家庭教育，就是父母同孩子一起成长！

二、是什么影响着孩子的一路成长？

如果家长了解影响孩子成长的各种因素，那么就能更好地理解自己可以做出什么样的努力了。

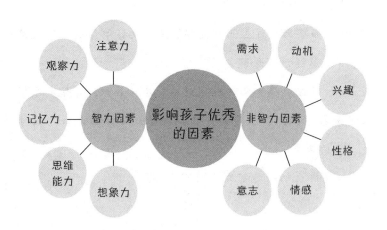

影响孩子成长的内因指孩子的自身素质，包括智力因素和非智力因素。其中智力因素是一个人认知能力的总和，主

要包括注意力、观察力、记忆力、思维能力、想象力等。非
智力因素是除了智力因素以外的一切心理因素的总和，主要
包括需求、动机、兴趣、性格、情感、意志等。在孩子成长
的过程中，非智力因素的培养和智力因素的培养同等重要。
但无论是智力因素还是非智力因素，都深受父母的生物性遗
传和后天言传身教的影响。

如果说一个人的智力因素能用来解惑、提升个人能力，
那么非智力因素则能助其塑造品格。

影响孩子成长的外因也就是环境因素，包括社会、学校
和家庭三大方面。社会是孩子成长的宏观环境，家长作为个
体是难以对其施加直接影响的。学校是孩子成长的中观环境，
家长在其中能够直接施加的影响也不多。家庭是孩子成长的
微观因素，家长可以直接地、积极主动地在家庭中发挥作用。

父母通常是孩子成长环境的第一缔造者。父母想要把孩
子教好，就必须先为孩子创造出良好的家庭氛围。

三、什么样的家庭氛围有利于孩子成长？

我们要对孩子的成长环境进行评估，有一个综合性指标
非常重要，那就是家庭氛围——即在家庭成员中所营造的气
氛与情调。它客观地存在于每个家庭之中，深刻地影响着生

理和心理都正处于迅速发育和发展过程中的孩子们。

根据我在国内所观察到的多个有孩家庭样本，我把家庭氛围的表现类型大致划分为五个，并将它们分别命名为正统型、冲突型、民主型、包办型和放纵型。

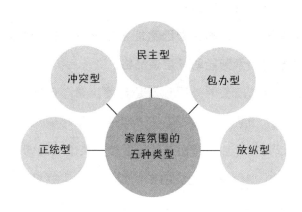

一、正统型。父母为人严肃，行为端正，对子女要求严格，家庭氛围整体表现为重责任、少欢愉；子女对父母敬而远之，把烦恼藏在心里，害怕承受失败。

二、冲突型。父母之间经常发生争执；孩子整日提心吊胆，性格胆小懦弱或具有攻击性、好斗。

三、民主型。父母与子女相亲相爱、互相尊重，交流互动频繁；孩子容易养成开朗、自信、积极的心态和开阔、自制、灵活的思维习惯。

四、包办型。父母勤劳肯干，爱子如命，处处呵护，事事顺从；孩子具有依赖心理，社会适应能力较差，独立处事能力较弱。

五、放纵型。一般有两种：一种是父母因忙于工作而将子女托付给保姆或亲属的，另一种是父母对孩子的教育不以为意的。这两种家庭氛围下成长起来的孩子，都难以养成良好的思维和行为习惯。孩子普遍活泼有余，严谨不足；责任心、自控力与开拓性较差。

根据上述分析，我认为，民主型的家庭氛围最有利于孩子的成长。

四、什么样的父母有助于孩子变得优秀？

要营造民主型的家庭氛围，父母首先应该有意识地让自己成为民主型的人。什么样的人是民主型的人呢？在我看来，民主型的人的特点，主要可以概括为以下三条：

一、平等待人，承认并尊重每个人所具有的独特价值。

二、在社会生活中认同自由、民主、法治，清楚明确个人的权利与责任。

三、认同健康、快乐、自食其力是人生最大的成功。

父母拥有了这样的价值观，才能逐渐成长为以平等、尊重、

负责的态度来对待孩子的成年人，也才有可能向孩子传递自信、爱心，教会孩子懂得并勇于担当责任。

为了让孩子成长得更优秀，父母还需要在家庭生活中养成一些基本的行为习惯：

一、积极与孩子共同制订家庭内部的行为准则。

二、与孩子一起遵守行为准则并相互监督。

三、学会"正面管教"的方法——既不惩罚也不骄纵，而是和善但坚定地管教孩子。

父母在家庭生活中具有主导的地位和明显的优势。对于孩子们来说，父母都是"过来人"，拥有丰富的人生经验和智慧。因此，孩子需要父母利用其优势和经验来给予自己帮助和指导。然而在一些家长中存在着两种不良倾向：一种是帮孩子做了太多孩子自己能够完成的事情；一种是在孩子做不好某件事情的时候缺乏共情能力。

两代人之间的交流需要建立在共情的基础之上。当孩子行为不端或遇到困难的时候，父母不要滥用"权威"的眼光，傲慢地对待孩子，指责他们这不对、那不对，而应想想，自己在孩子这般年龄时，是怎么想的、怎么做的——先理解孩子种种行为举止背后的心理状态和成因，再把自己的心路历程分享给孩子。父母作为过来人，其经验之谈的宝贵之处不在于直接给出结果，而在于交流分享过程。

五、最宝贵的教育是什么？

1998 年 1 月的一天，75 位诺贝尔奖得主聚首巴黎，有记者采访他们当中的一位："请问您在哪所大学学到了您认为最宝贵的东西？"这位白发苍苍的老人出人意料地回答："在幼儿园！""那您在幼儿园学到了什么？"老人说："把自己的东西分给小朋友一半，不是自己的东西不要拿，用完东西要放回原处，做错了事情要表达歉意，午后要休息，要仔细观察大自然，等等。我学到的最重要的东西，就是早期养成的这些习惯。"而今天，越来越多的父母同样认识到，好习惯影响着孩子的成长和未来。

行为科学的相关研究表明，人类个体一天内自发的行为中，大约只有 5% 是属于非习惯性的，其余的 95% 都是习惯性的，甚至连创新行为，也是某些习惯性行为的延伸。

据实验表明，对某一新的行为方式做 21 天的重复实践，人就可以把这一行为转化成习惯；经过 90 天的重复后，就可以形成稳定的习惯。正如一句话所说的，"重复就是力量"。同样的道理，当一个观念在一个人的切身经历中被验证达 21 次以上之后，它十有八九就能变成这个人的信念了。

在每个人的身上，好习惯与坏习惯都是并存的。好习惯帮助我们节约思考的时间，简化行动的步骤，让我们生活、工作更有效率；反言之，坏习惯容易让我们日益封闭、保守、自以为是、墨守成规。如此看来，习惯是一柄双刃剑，习惯的好坏很大程度上决定了一个人的未来。

一个人获得成功的可能性取决于其具备好习惯的多少。人生仿佛就是一场好习惯与坏习惯的拉锯战，一个人把高效能的好习惯坚持下来，就意味着驶上了成功的快车道。

在古代，洪水曾是威胁人类生存的天敌之一。如何应对洪水，考验着人们的智慧和心态。2000 多年前，李冰父子领导兴建的都江堰堪称人类与大自然争斗的成功范例。都江堰坐落在成都平原西部的岷江之上，始建于秦昭王末年（约公元前 256—前 251），分水鱼嘴、飞沙堰、宝瓶口三大工程是其关键之处。2000 多年来，都江堰一直因势利导，发挥着防洪灌溉的作用，把成都平原变为水旱从人、沃野千里的"天府之国"。

父母教育孩子的过程就和李冰父子修建都江堰的过程一样，一定要因势利导——看似"无为"，实则"有为"。培养孩子的好习惯不能心血来潮、随心所欲，而要尊重规律、顺其自然。科学研究表明，各种技能的培养、各类行为模式的形成，分别发生于其特定的敏感时期，这些敏感时期分布在人成长过程中的不同阶段，称为"关键期"。父母如在关键期培养孩子的某项特定技能或帮助其养成某种行为模式，会事半功倍。反之，如果错过了关键期，再想培养，就会变得困难。以下是孩子成长过程中最重要的一些关键期：

年　龄	时　期
2.5 岁	记忆发展的关键期
2~3 岁	口头语言发展和计数能力发展的关键期
2.5~3 岁	立规矩的关键期
3 岁	培养计算能力、独立能力、性格的关键期
3.5 岁	注意力发展的关键期
3~4 岁	初级观察能力形成的关键期
3~5 岁	音乐能力萌芽的关键期
4 岁	学习外语口语的关键期
4~5 岁	学习母语书面语的关键期
5~6 岁	掌握语言词汇能力、抽象运算能力的关键期
5.5 岁	悟性初现，学习心态、学习习惯及成就感形成的关键期
6 岁	创造力、观察能力逐渐成熟，掌握词汇速度最快的关键期
6~8 岁	学习外语书面语的关键期
8 岁	自学能力培养、自我控制力与坚持的品性逐渐养成、阅读能力和综合知识学习能力开始形成、审美能力和心态形成的关键期
从出生到 8 岁	训练平衡能力、培养孩子集中注意力的关键期
9 岁	初级哲学思维产生的关键期

从时间维度上看，关键期就是我们培养孩子某些能力或行为习惯的着力点。在这一时期，父母虽然不需要具备同样的能力或习惯，但要更多地和孩子进行配合，对孩子加以正向的、有效的引导。换句话说，我们不能要求父母做完美的家长，但是，在孩子养成某种好习惯的同时，父母也应改正自己身上与这种好习惯相矛盾的言行。道理很简单，父母是与孩子接触最多的人，更是孩子的榜样，父母的行为习惯无疑会深深地影响孩子。

例如，父母都希望孩子从小养成爱读书的习惯。如果家长本人也爱读书，在家里经常手不释卷，孩子爱上读书的可能性就很大，这就是人们常说的"熏陶"。如果家长不喜欢读书，至少尽量做到不在正读书、学习的孩子面前打牌、看电视、玩游戏……同时，当孩子在家里读书、做作业的时候，最好有一位家长陪同其侧。

家长如果有意为孩子培养某些兴趣爱好，最好自己也具备某些类似的兴趣爱好。比如，要是希望孩子在体育运动方面有一两样特长，那么家长最好也是喜欢运动的。再如，要是希望孩子学习弹钢琴，那么家长至少应是懂得欣赏音乐或了解一些乐理知识的。

不少家长都非常关心一个问题：孩子染上了坏习惯如何改掉？

我同意一种观点，即"人们无法改掉那些坏习惯，因为太过痛苦。但是可以用好的习惯代替坏的习惯，比如把吸烟的习惯转换成嚼口香糖的习惯"。

今天，在众多家长之中最普遍的痛点可能就是孩子沉迷于手机游戏和看短视频。尤其是某些游戏和短视频的内容，对孩子来说难以转化成精神养料，既不利于身体健康，又不利于形成好的行为习惯。对此，我的建议是，请家长想想孩子有哪些相对来说更为健康的兴趣爱好，先尝试用这类兴趣爱好代替玩手机游戏、看短视频，再慢慢减少他们花在兴趣爱好上的时间，把对时间的利用一点点地转移到学习上。先用"好"的来替代"坏"的，再用紧迫需要掌握的来替代可以逐渐培养的，这就是改掉孩子坏习惯的"曲线救国"之路。

可怜天下父母心！孩子的好习惯是家长陪着孩子一起养成的。

六、"用一个灵魂唤醒另一个灵魂"

法国18世纪的启蒙思想家让·雅克·卢梭写过一本小说体的教育类著作，名叫《爱弥儿》。这是一本划时代的书，也是自然主义教育思想的发轫之作。1982年，我从北大图书馆借到它的中文译本后，花两天三夜一口气读完，过了一把如饥似渴的读书瘾。不用说，卢梭的教育理念深深地影响了我的成长及后来我教育孩子的态度与方法。

《爱弥儿》中有一段精辟的论述："什么是最好的教育？最好的教育就是无所作为的教育：学生看不到教育的发生，却实实在在地影响着他们的心灵，帮助他们发挥了潜能，这才是天底下最好的教育。"

两百年后，德国存在主义哲学家卡尔·西奥多·雅斯贝尔斯在《什么是教育》一书中诗意地写道："教育的本质意味着：一棵树摇动另一棵树，一朵云推动另一朵云，一个灵魂唤醒另一个灵魂。"这个说法跟苏联革命家加里宁的名言"教师是人类灵魂的工程师"不谋而合。

卢梭告诉我们，最好的教育是潜移默化地激发出孩子的潜能；雅斯贝尔斯告诉我们，最好的教育是用一个灵魂唤醒另一个灵魂。

我要说，最好的教育是"无为"的教育，是一个生命对另一个生命的唤醒和引领。

从唤醒并引领孩子的生命出发，家长们需要多角度地了解影响孩子优秀与否的因素，判断它们是否有利于孩子的成长。

父母要教育好孩子，既要了解孩子的长处和短处，也要了解自己的长处和短处。有时候，还要了解跟孩子相处时间较长的其他家庭成员的长处和短处。

大家在生活中可能都有这样的经验：某些人适合跟同种

性格的人相处，某些人适合跟性格互补的人相处，还有一些人跟各种性格的人都能相处。因此在大中型企业管理的实践中，人力资源部门喜欢用心理学上的"五型人格"概念来搭建领导团队。这里的"五型人格"包括老虎型、孔雀型、考拉型、猫头鹰型和变色龙型。

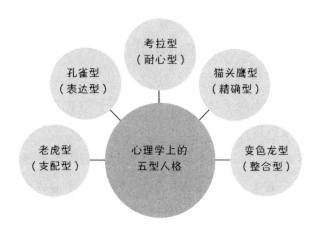

其中老虎型又被称为支配型，孔雀型又被称为表达型，考拉型又被称为耐心型，猫头鹰型又被称为精确型，变色龙型又被称为整合型。管理专家认为，老虎型领导人的助手最好是孔雀型；两个老虎型的人搭班子将会冲突不断；孔雀型领导人可以和老虎型之外的任何一种类型助手和平相处；变色龙型的人才既可以协助其他四种类型的领导人，也可以让孔雀型、考拉型、猫头鹰型的人成为好下属。

然而父母与子女的关系没有办法像企业搭建领导班子那

样优选组合。

举例来说，一位妈妈要想教育好子女，必须解决好自己跟孩子，以及自己跟孩子爸爸之间的性格冲突问题。前提是妈妈知己知彼，了解丈夫和孩子的人格特征，并与丈夫达成某些谅解协议，最后从孩子的需要出发设身处地地教育孩子。同理，爸爸要想教育好子女，方法也是一样的。

但我们在生活中常见的现象是，一位"虎爸"或者"虎妈"把本来乐观开朗、阳光自信、努力向上的孩子逼得忧郁退缩、缺乏自信、消极怠惰起来。为什么？因为强势的父母总想掌控一切，平常跟孩子交谈时习惯使用逼问的方式，对每件事情都要打破砂锅问到底，对此孩子只能用沉默来反抗。

世界很大，家庭很小。一个人可以选择兴趣爱好、职业方向、社交圈子，却无法选择子女。为了孩子的成长，也为了自己的幸福，父母跟孩子相处时不能任性。不管你在社会上、单位里处于何种位置，在跟孩子相处时都要采用民主的作风。跟孩子友好相处，才能最大化地激发孩子的无穷潜力。

夫妻之间需要磨合，父母跟孩子之间也需要磨合。磨合的过程就是相互适应、相互改变、彼此成就的过程。只要本着人人平等、彼此尊重、相互理解的理念和心态，父母就可以把自己优秀的一面展现在孩子面前。

想要把教育做到既"润物于无声"，又能实实在在地影响孩子的心灵、帮助孩子发挥潜能，实属不易。但人生在世，总要尽力做一两件不容易达成的事情。

第一章　父母的角色定位

一、定错位：好心办坏事的父母

两周前，我接待了一对母女。两人之间矛盾重重，彼此拒绝沟通。我分别和她们二人单独谈了话。

女儿读初一，跟我交谈两三分钟后已能敞开心扉。她先跟我谈了对北大和清华校园的向往，后来便埋怨妈妈不让她继续发展兴趣爱好，特别是书法。妈妈不让她开心，她也不想让妈妈开心。

母亲却告诉我，女儿的兴趣爱好太多，玩心太大，琴棋书画、舞蹈都学过，可是没有一样精通。今年女儿读初中，语文、数学、英语都不行，母亲担心孩子没有把心思放在学业上，将来连高中都考不上，于是强行中止了女儿所有的兴趣爱好。

我们能说这位母亲不是好心吗？但是无可否认的是，这位母亲把事情搞砸了。据我了解，这种现象在当下并不少见。父母找不准自己的定位，往往会在孩子的教育上好心办坏事。

♡ 什么是"好心办坏事"？

在竞争激烈的当下，父母总希望自己的孩子一身才艺、本领过人，在社会发展的洪流之中具备勇往直前的能力。因此不顾孩子幼小，就给孩子报了各种特长班，期待孩子早日找到自己的爱好和擅长的方向，并坚定地走下去。

这是在当代父母中常见的一类"好心"。但是，一个人的精力和才干总是有限的。如这个故事中的女儿，从3岁上幼儿园到12岁小学毕业，母亲为她报了各种课外兴趣班。每一门都要耗费大量的时间，又怎么可能都学得精呢？有限的精力被分散，又怎么能不影响学校里的功课和成绩呢？"好心"办成了坏事。

后来这位母亲意识到了自己的失误，可是她突然全面禁止女儿发展任何兴趣爱好，这又矫枉过正了，等于再一次"好心办坏事"。

关于"好心办坏事"，还有一种最典型的例子，就是家长偷看孩子的日记。

父母难免会这样考虑：孩子还小，一旦离开家庭的庇护，走出父母的视线，不知会遇到什么样的人和事；尤其是在孩子身心快速发育的时期，在校园里、社会上，在父母"监控"不到的任何角落，发生难以预料的心理变化或遇到什么挫折，都是有可能的。为了了解孩子在想些什么，甚至为了及早发现孩子的"不轨行为"，以"防患于未然"，不少父母会趁孩子不在，翻看孩子的日记本。但是，孩子一旦发现父母的"窥视"，就会开启"自我保护"模式，防御爹妈，亲子关系反而由此疏远起来。多数父母往往还意识不到自己的错误，还埋怨孩子：

"为什么我用无私的爱换来的却是下一代的自私？"

"我为孩子好，可是孩子不领情！"

"真是好心没有好报啊！"

大家可能会奇怪——这本书是教家长如何教育孩子的，怎么却先从家长身上找起茬来了呢？回答这个问题之前，我先给大家讲一个故事。

在美国阿拉斯加涅利斯自然保护区，人们为了保护鹿群，把当地的狼消灭了。没有了天敌的鹿饱食终日，无忧无虑，自由繁衍，鹿群规模仅用10年就从400头增长到了4万头。渐渐的，体态愚笨的鹿失去了往昔的灵秀，当地植被也因鹿群大量啃食而严重退化。再往后，由于缺乏足够的食物和安逸少动，鹿群体质愈发衰弱，大量死亡。管理人员这才如梦初醒，再次把狼"请"回来。有了狼的追赶，鹿群终于恢复了好动的习性和强健的体魄。

人的初衷是保护鹿群，但因违背自然规律，反而导致鹿群衰亡。家长教育孩子，也是同样的道理——如果不遵循孩子身心成长的规律，强加的关爱也得不到好的结果。这，就是"好心办坏事"。

♡ 用错了"好心"，会酿成哪些苦果？

毫无疑问，大部分父母都是无条件地爱着孩子的，父母的爱也总是无私的。但如果不尊重孩子的意愿，过多地包办，无论父母的出发点是好是坏，都有可能在孩子的成长道路中埋下糟糕的伏笔，甚至酿成严重的苦果：

第一，妨碍孩子独立性的养成。父母生儿育女，学校教育学生，其最终目的都是让孩子长大成人之后拥有独立的能力，自食其力，才能在此基础上有所作为。家长在"好意"的名义下过多干涉孩子自主做事的权力，只能满足自己的控制欲，却助长了孩子对父母和他人的依赖性。娇惯孩子，长期衣来伸手、饭来张口，损害的恰恰就是孩子的独立性，或许"啃老族"的形成就有这个原因。

第二，剥夺孩子习得技能的机会。有些父母为了让孩子用更多的时间学习，不让孩子做任何家务；有些父母插手老师布置的手工作业，为孩子代劳；有些父母为了孩子在一些创新型比赛中取得好成绩，"过度参与"……凡此种种，都是如今司空见惯的现象。然而，这样的家长极有可能培养出四体不勤、五谷不分的高分低能儿，甚至是好逸恶劳、眼高手低的"巨婴"。

第三，很难唤醒孩子源自内心的责任感。举个例子，家长当然都希望孩子学习好，将来考上理想的大学。殊不知，孩子学习好的重要前提是学习动力强大，能够持续不断。而要保持强劲的学习动力，唤醒孩子学习的责任感极为重要。假如在学习上，家长代孩子做了过多的事情，就会让孩子误以为这些的事情是父母的分内事，跟自己无关。既然学习跟自己无关，还谈什么责任感呢！

第四，伤害亲子关系，孩子变得叛逆。一个家庭中亲子关系不好，很多时候就是父母过多干涉孩子造成的，比如因认为孩子穿戴不得体啦，发型"流里流气"啦，朋友交得不好之类而强令孩子"改正"。看上去都是些琐碎的小事，但久而久之，孩子或多或少就会对父母的命令产生反感和抗拒。遇上青春期，孩子不叛逆才怪。

第五，也是最可怕的一点，就是会让孩子潜意识里滋生无能感。原本自己就能做了的事情，父母却要代替自己完成，对于一个孩子来说，这说明什么呢？

"我做不如爸妈做。"

"有妈妈在，这种事就不用我动手。"

"大人不相信我能做好。"

…………

长此以往，要么家长的底线无限降低，不知不觉间父母沦为孩子的"用人"，孩子也越来越颐指气使；要么孩子越发退缩，内心认定自己是做不好什么事情的。这两种状态最终都会导致孩子变成一个无能的人，这种无能感，会蚕食并取代一个人内心的进取精神，使其在困难面前变得畏首畏尾，只会回避而不敢面对现实。

♡ 孩子的事都是父母的事吗？

看到这个问题，有些父母也许会觉得莫名其妙。在不少人的观念中，孩子的事不就是父母的事吗？殊不知，导致家长"好心办坏事"的一大误区，恰恰就在于家长错把孩子的事当作了自己的事。

有位妈妈跟我分享了女儿跟自己吵架的事例。女儿喜欢画画，房间的桌面上常常摆满彩笔或颜料及画了一半的画，看起来总是乱糟糟的。妈妈看不下去了，就去帮女儿收拾。该扔的扔，该整理的整理，桌面被打扫得干干净净。女儿放学回家，不仅不感谢妈妈，反而因为自己心爱的作品被扔掉了而不高兴，要妈妈赔，于是母女俩吵了起来。

瞧，作为一个成长中的个体，对自己的私人空间和物品的安排，女儿是有她自己的需求和想法的。母亲直接越俎代庖，实际上等于忽略这种需求和想法，强迫女儿接受自己的决定。女儿当然对母亲的"好心"并不买账，故而引发争执，母亲还要抱怨女儿不懂事。

由此可见，父母教育、帮助孩子是必要的，但是也要分清楚场合，搞清楚需求。孩子身上的一些行为也许不合父母的心意，但只要对他人没有负面影响，父母就最好不要干预；即便需要父母干预，最好也不要采取这种简单粗暴的方式。

那么，到底在孩子的哪些事情上，父母用不着付出额外的"好心"呢？

我的经验是：当父母的"好心"涉及孩子的利益时，就要征得孩子的认可再行干预。孩子是否打心眼里接受，是检验父母的"好心"能不能行得通、这件事该不该管的标准之一。

因此，我尽管是在写一本教家长如何教育孩子的书，却希望家长们首先明确一点：当亲子关系出现问题时，请先从自身找原因。仔细想一想：身为父母，你在教育孩子的过程中是不是陷入了这种包办误区，才会把"好心"办成了坏事呢？

二、父母不等于"理想家长"

我不止一次听家长说，他们为了孩子的未来，什么都愿意付出。问题是，父母愿意付出，就一定能帮到孩子吗？我的答案是：不一定。

人非圣贤，孰能无过。不完美的父母当然也不可能把每一件事情都做得很妥当。再说，在父母帮助孩子这件事情上，内因在孩子这里，而家长的帮助只是外因——外因需要通过内因起作用。如果孩子对一件事情不上心，那么无论家长再怎么帮助、管教，也起不到好的效果。

♡ 父母不是"圣人"

没有"理想家长"，父母当然也不是"圣人"。家长首先明确了自己并非完美的，也并非圣人时，才会接受自己在教育孩子上出错的可能性；而只有清楚了这一点，在教育实践上才能避免出错。

"难免出错"与"避免出错"看似矛盾，实则不然。一类父母经常对一些小事担惊受怕，怕孩子磕了碰了、挨冻受饿，夸张的关心反而使孩子变成了温室里的花朵，经不起一点儿挫折，遇事也迟迟学不会自主处理。而另一类"心大"的父母则对此不会过分在意，因为他们理性地明白有些小挫折是难免的，只要在孩子承受力许可的范围内，就相信孩子能够处理好这些状况。这样，孩子也获得自信，能尝试主动克服困难、解决问题。

只有清楚"难免出错"，才能"避免出错"——往往是第二类看似"心大"的父母才懂得这个道理，不给自己和孩子施加多余的压力，该关心的时候关心，不该关心的时候懂得放手，这样孩子才能健康、自由地成长。

既然家长不是圣人，当然也就没有"理想家长"。用所谓"理想的教育目标"来要求孩子和父母是十分有害的。教育要回归理性，教育工作者要帮助孩子和父母从地表开始成长，提倡既有共性又有个性的家庭教育方式。

随着民办教育机构的蓬勃发展，父母在教育过程中的作用被凸显和放大。在《序章》中（本书第3页），我引用了星云大师谈父母与子女关系的例子。他做了一个有科技感又有禅意的比喻，说父母是"原件"，孩子是"复印件"。当"复印件"出现问题的时候，请在"原件"上面找找原因。这尽管是比喻，却揭示了本体跟喻体之间的某些深刻关系。

不过我们仍要注意：喻体毕竟不是本体。毫无疑问，父母对孩子的成长是有影响的，有些父母对孩子的影响大，有些父母对孩子的影响小。父母对孩子的影响是大是小，既跟孩子本人有关，也跟父母的文化水平和性格等有关。当家长的作用被无限夸大以后，人们自然开始无限度地向家长提出种种要求，最后就把家长理想化了，潜意识里开始要求父母全能、在教育问题上不出错，甚至成为"圣人"。

♡ 父母不是孩子的"主宰者"

在我所观察到的家庭样本中，有许多年轻的父母，在孩子面前主要扮演双重角色，一个是"主宰者"，一个是"服从者"。父母与孩子完全平等相待的，倒是少数。

在孩子进入青春期之前，父母无论在体力、智力还是社会经验上，样样都比孩子强。站在抚养人和监护人的角度，父母有责任也有义务代替孩子做一些决定，从这一角度看，似乎父母确乎是拥有一些权力的。然而遗憾的是，有些父母在孩子面前惯于行使"家长权力"，真把孩子当作自己的附属品、所有物，不分青红皂白地把自己的偏好、意志强加给孩子，替孩子做了过多决定，而孩子相应地被剥夺了自主权。

或许有的父母会问：如果我们不是孩子的"主宰者"，那谁是孩子的"主宰者"呢？

我的回答是：孩子自身，才是他们自己的"主宰者"。

♡ 父母也不是孩子的"服从者"

父母也是从孩童时期成长起来的。有些人在成长的过程中，承受了老一辈人过于严厉的管束，他们中多数反而不会对孩子以呼喝的方式加以管教。取而代之的，有可能是矫枉过正——这类家长也许会溺爱甚至放纵孩子，在孩子的事情上极尽细致周全，不辞辛苦，事事代劳，看起来服从于孩子的一切需求，似乎是爱到了极致。

然而这种"服从"的态度，比做孩子的"主宰者"危害还要大。在无条件的服从之下，孩子会走向另一个极端——心态会愈发颐指气使起来，与其相应的是智能发展上的萎缩和情商的低下，渐渐失去对自我人生正确的认识和掌控。

不过，在现实生活中，有问题的父母一般都是混合型的，有时候存在想要"主宰"孩子的倾向，有时候对孩子又过于顺从，具体要看发生在什么样的事情上。只处于某个极端的单一型家长，实际上是极少存在的。因此，家长们在遇到具体问题时，也要具体分析，两相对照，对症下药。

三、父母有三重角色

想教育好孩子，家长当然要了解孩子，但首先要了解自己。《孙子兵法》有云："知己知彼，百战不殆。"父母在教育孩子的时候，须认清自己在孩子面前扮演的角色到底是什么。很多家长和孩子之间产生冲突，原因就是父母的角色错位和边界不清。

为人父母，首先应当认清自己的义务、责任，同时明确自己的角色：

一、父母有抚养子女长大成人的义务与责任，因此，父母是子女的抚养人。

二、父母在子女未成年以前，有对其监护的义务与责任，因此，父母是子女的监护人。

三、父母是与孩子平等的人。

一些文章提出父母还有一个角色——孩子的老师。这个观点我是赞同的，但我没有把这个角色单独列出来。因为我认为，不是所有的父母都能承担起这个职责；另外，做孩子的老师并非父母必然的角色。而抚养人、监护人、与孩子平等的人，则是所有父母必须百分之百承担的角色，把这三重角色做好了，父母才是称职的，家庭教育才是成功的。

♡ 父母作为孩子的抚养人

作为抚养人，父母要给予孩子健康成长所需的物质和精神条件。今天，大多数家长已普遍能满足孩子的吃、穿、住、用、行、玩等基本需求。在这个前提之下，我认为，家长还要谨防进入抚养孩子的误区：溺爱。

关于爱的表达，中国家长身上往往存在两个问题：一是方式上过于含蓄，不习惯在语言和行为上大方地对孩子表达爱；二是在物质上和行为关照上给予孩子的过于丰厚，以至过犹不及，反而变成了溺爱。

溺爱通常有十大表现：一是给孩子特殊待遇，二是对孩子过分注意，三是对孩子的任何要求都轻易满足，四是放任孩子生活懒散，五是祈求孩子做他们本该做的事情，六是大包大揽孩子的事情，七是对孩子遇到的小波折小风浪大惊小怪，八是剥夺孩子的独立性，九是害怕孩子哭闹，十是当面袒护孩子。

近些年来，有一种流行的说法："儿子要穷养，女儿要富养。"这话貌似有道理，但如果家长对这句话的理解不当，就适得其反了。

今天，我国中产和富裕阶层的人口数量已经很大，"富养"方式似乎有了普遍性。就我对有孩家庭的观察而言，多数家庭在实践所谓"富养"时，倒不怎么在乎男孩还是女孩，但他们对"富养"的理解往往流于高消费这样的浅层次。当然，

"穷养"如果只意味着在物质上极度限制孩子的话，也没有好处。否则，《管子·牧民》中那句"仓廪实而知礼节，衣食足则知荣辱"就说得不对了。

无论是男孩还是女孩，既不要"穷养"，也不要"富养"，而是要正常地养——当孩子还不能自食其力的时候，在物质层面让孩子吃饱穿暖是底线，更高的要求也无非是营养均衡、整洁得体，而不应是奢侈。只有这样，孩子才能健康地成长。

♡ 父母作为孩子的监护人

父母作为孩子的监护人有两个基本职能：一是要保护孩子不受侵犯；二是要阻止孩子侵犯别人。既要管好孩子身体、心灵的安全边界；又切忌过多掌控孩子的行为。

父母在监护人这个角色上的常见误区就是不理解监护与控制的区别，误把帮助变成了控制。

监护孩子很重要的一点，是要和孩子共同制定规则，要用规则管住边界，而不能"讨价还价"，轻易妥协。

孩子的事情那么多，你如果总是"就事论事"，根本管不过来，也管不好。比如孩子在广场上玩，家长要观察广场的危险区域，告诉孩子不要逾越的边界。只要在边界之内，家长就可以放手让孩子玩，而不必做孩子的跟班。又比如让很多家长头疼的玩手机游戏问题，父母要和孩子一起制定规则，一个星期可以玩几次，什么条件下玩，一次最长玩多久等。

♡ 父母作为与孩子平等的人

谈到孩子们的健康成长，我喜欢讲家庭氛围的营造，喜欢讲唤醒孩子源自内心的责任感。这些实际上都是平等意识结出的果实。

我在《序章》中已经分析过，我们中国当代有孩家庭的家庭氛围，大致可以分为正统型、冲突型、民主型、包办型、和放纵型。我的观点是只有基于平等意识的民主型家庭氛围才是适合孩子健康成长和成才的。而我所观察的家庭中，大多数父母跟孩子相处时总保持一种精神上居高临下的姿态，同时又加以物质上的溺爱。在这样关系不平等的家庭氛围中长大的孩子，难以学会什么是真正的平等。

那么怎样才能成为与孩子平等的父母，并让孩子懂得什么是真正的平等呢？

首先，父母不仅要保障孩子基本的物质需求，而且要学会尊重孩子。

得到应有的尊重，是一个人心理健康成长的基础。父母懂得尊重孩子，孩子才会懂得尊重自己和尊重别人。父母不是孩子的"主人"，也不是孩子的"奴仆"，既不要替孩子做过多的决定，把自己的偏好、意志强加给孩子，也不要为孩子想得太周全，事事代劳。

其次，父母要管住边界。

把孩子的事情分为必需的和不必需的两类，然后再进一步分为孩子能做的和不能做的两类。对于孩子必须去做的事情，如吃饭、洗漱、学习、劳动等，父母要随着孩子年龄的增长，从帮助、引导孩子去做渐渐转为放手让孩子自己完成；对于不是必须去做的事情，如偶然出现的爱好、兴趣点，父母则可评估孩子在这件事上的热切程度、与必须做的事情之间轻重缓急的排序，为孩子提出建议，同时也准备好接受孩子对这些建议做出的不同选择。

最后，父母要学着与孩子共同制定规则，并以身作则，做好表率。

制定规则的目的是为了在矛盾发生时辅助家庭成员做出适当的选择。比如当孩子玩游戏的热切要求和做作业之间发生冲突时，如果有相应的规则规定做作业的优先程度高于玩游戏，那么就很容易做出选择了。教会孩子遵守规则，有助于他们明白在规则面前人人平等；父母先于孩子成为遵守规则和守约的人，给孩子做好榜样，在家庭中的责任、权利和义务明晰，有助于孩子将来成为一个有责任感、契约精神的人，这样的人才能平等地对人对事，少走弯路。

第二章　　**如何爱一个孩子？**

一、父母给孩子最好的礼物是什么？

父母给孩子最好的礼物是什么？ 这是许多父母在夜深人静时对自己灵魂的拷问。

关于这个问题，有人认为父母彼此恩爱就是给孩子最好的礼物；有人认为是帮孩子培养好习惯；还有人认为，应该是父母对孩子的爱。三种答案都是合理的。

父母彼此恩爱，可以给孩子一个充满爱意的家，对于孩子身心健康有无穷好处。但是，父母彼此之间的爱，并不能与对孩子的爱画上等号。

俗话说："三岁看大，七岁看老。"父母从孩子幼小的时候就帮孩子养成一些生活、学习方面的好习惯，对孩子的身心成长乃至对他们的一生，都大有裨益。

如果说父母彼此恩爱是给孩子的成长创造一个健康温馨的环境，那么帮助孩子养成好习惯则是为孩子的一生打下好的基础。

而在我看来，这些都还没有体现出孩子需求的实质。父母给孩子最好的礼物，应该是孩子成长所最需要的东西，也就是父母对孩子无条件的爱。我们每个人都有七情六欲，都有自私的一面。要真正做到无条件地爱孩子，要达到一个层次更为丰富的程度，这就一点儿也不简单了。

◁ 孩子对爱的需求

1943 年，美国著名人本主义心理学家马斯洛出版《人类动机的理论》一书，在书中提出了需求层次论：一个人的需求从低到高依次有五个层次，分别是生理需求（食物和衣服）、安全需求（工作保障）、社交需求（友谊）、尊重需求、自我实现需求。生活中，有不少父母误以为只要满足孩子吃喝拉撒睡的生理需求就可以了，常常忽略了孩子还有安全需求、社交需求、尊重需求和自我实现的需求。

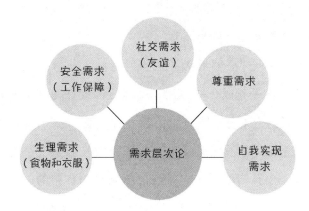

当一个人的某一级需求得到最低限度的满足以后，他（她）才会去追求高一级的需求。如此逐级上升，成为推动他（她）继续努力的内在动力。这一理论可以帮助我们理解在孩子成长过程中，父母的爱所具有的实际作用。

在我接触和观察到的家庭样本当中，父母们大多无条件地满足了孩子的吃、穿、用等生理需求。可是，在安全需求、社交需求、尊重需求这三个层次上，父母所能提供的"无条件的爱"就有所匮乏了。

自弗洛伊德开始对"安全感"这一概念进行研究以来，心理学家和儿童教育专家都十分重视增加孩子的安全感。如果孩子严重缺乏安全感，就可能产生焦虑和敌意，妨碍他们健康成长。马斯洛也认为，安全感是决定心理健康的最重要因素，甚至可以被看作是"心理健康"的同义词。孩子最早的安全感来自家庭，特别是父母的爱。从现在成年人习惯性的情绪负面回溯其成长历史，大多可以在童年时期的安全感缺失方面找到原因。

我们通常认为，父母天生爱孩子，因此似乎不存在"无条件的爱"缺失的问题，事实却并非如此。爱既是心灵善良的自然流露，也是一种后天习得的能力。父母缺乏爱的能力的具体表现有很多，常见的可以归纳为以下四类：

一是错把爱与物质条件画等号。一些父母以为满足了孩子的生理需求就是爱孩子。特别表现在父亲身上，很多父亲忙于工作和挣钱，极少主动陪伴孩子，常用物质的满足去弥补对孩子的亏欠。

二是溺爱。我在上一章（本书第 30 页）已经讲过，溺爱是抚养孩子的一大误区。

三是过于严厉地管教孩子。自以为自己做的每件事情都是为了孩子好，却在教育孩子时不讲究方式方法，反而容易误入歧途。

四是有条件的爱。一些父母对孩子的爱以孩子听话、完成作业、不玩游戏为前提条件。一旦孩子不听话，没有按时完成作业，过多地玩游戏，父母就不理孩子，用"冷战"的方式对待孩子。在热播剧《小舍得》里，小学生子悠在妈妈的严格控制下把所有时间都用于学习，成绩成为妈妈评判他优秀与否的唯一指标。当终于不堪重负时，子悠对妈妈发出了控诉："你爱的不是我，而是考满分的我。"

父母的这些做法，出发点都是爱，但都是自以为是的爱，都是不符合孩子对爱的真正需求的。需求与实际所得的落差过大，会给孩子的内心造成很大的困惑。

◁ 什么是无条件的爱？

父母无条件地爱孩子，就是要整体地接纳孩子——孩子好的方面要接受，不好的方面也要接受。孩子只有感受到自己被父母完全接纳之后，才初步具有了基本的自尊。

无条件的爱，听起来很抽象，实际上又很具体，它具有两个方面的特点：

第一，爱的一方不向被爱的一方索取。当一个人无条件地爱另一个人，他（她）只在乎对方是否快乐、幸福，而不在意能否从这份爱里得到物质或精神上的回报。爱不是交易，付出爱的一方不一定能得到回报。

第二，爱对方本来的样子。无论被爱的一方年龄、长相、性格、智商、情商如何，无论这个人做什么工作、收入多少、兴趣爱好是什么，爱的一方都会毫不犹豫地付出自己的爱。换言之，每一个被爱的人，对于付出爱的人来说都是独一无二、不可取代的。

无条件的爱并不是盲目的爱。无条件的爱需要"付出""接纳""包容"和"理解"，但不包括"认同一切"。

举例说明，如果孩子有需要克服的缺点，家长却无视之而不帮助孩子去克服它；孩子有需要通过勤学苦练来提高的技能，家长却因怕孩子受苦，而不引导孩子去提高，那么缺点会一直存在，孩子的能力也总是受困于起点，对孩子的长久发展来说，实际上是有害而无益的。这样的家长，要么是不负责任，要么是正在滑向溺爱的边缘。家长面对孩子的无理要求或错误行为，不仅不劝阻，反而加以纵容，那么孩子会在人生的道路上走岔，滑向危险边缘。这些都是盲目的爱的表现。

孩子为什么需要父母无条件的爱？

作为父母，孩子是我们生活中最重要的人，比我们生活中任何物质财产都要重要一万倍。《正面管教》的作者——美国儿童教育专家简·尼尔森举过这样一个例子：

弗雷德打碎了妈妈一个很珍贵的古董花瓶。妈妈为此很伤心，坐在那儿哭了起来。尽管弗雷德为自己打碎了花瓶而难过得不得了，但他还是疑惑地问道："妈妈，要是我出了什么事，你会这么伤心吗？"

尼尔森接着说："孩子们经常不知道自己有多么重要，不知道父母有多么爱他们。有时候，父母和老师过于关注孩子的不良行为，以至于他们眼中没有了孩子——孩子眼中也就没有了自己。"[1]

家长跟孩子一起去学校领通知书，往往因为孩子期末考试成绩不理想而一顿埋怨和指责，这时孩子会怎么想？他们多半会想："我做的永远没有你们希望中的好。你们要求我考得更好，只是为了你们自己，并不是为了我。"一旦家长对孩子的爱附加了条件，或者让孩子误会附加了条件，父母与子女的关系就会产生裂痕。

在面对孩子的不良行为时，家长须牢记自己要给孩子无条件的爱，这样，在孩子面前的行为举止才会得体，才能想到办法帮助孩子加以改正。对孩子来说，这份无条件的爱才能体现出它完整的、真正的价值。

当然，我理解一些父母的无助感。父母也是人，有七情六欲，有个人的好恶。去爱一个身上有自己讨厌的行为、习

---

1. ［美］简·尼尔森：《正面管教》，玉冰译，北京联合出版有限责任公司 2016 年版。

惯的人，确实需要更大的爱和修炼。但是，为了孩子的健康成长，父母的这份付出是值得的。

二、用 5W1H 理论来理解陪伴

这里所说的"陪伴"指的是父母陪伴孩子。

而所谓 5W1H，顾名思义，就是 5 个 W 和 1 个 H，分别指英文中的 Why、Who、When、Where、What、How。它们的含义对应着：

为什么要陪伴孩子？

谁陪伴孩子？

什么时候陪伴孩子？

在哪儿陪伴孩子？

陪伴孩子做什么？

怎样陪伴孩子？

之所以为这个话题单独做一小节内容，是因为我观察到，相当多的父母都不懂陪伴二字背后的丰富内涵。

◁ Why？为什么要陪伴孩子？

可能很多家长会这样回答："因为孩子小。"

这样回答问题的家长头脑中有一个潜在的逻辑，那就是觉得孩子还小，不能自己照顾自己，所以需要有人陪伴。注意！在这里，我用的是"有人"陪伴，而不是"父母"陪伴。

前面我提到了马斯洛的需求层次论，人的需求体现在五个层次上，即生理需求、安全需求、社交需求、尊重需求、自我实现需求。除了爸爸妈妈，世界上很难找到第三个角色可以同时满足孩子的这五大需求。即便是与孩子之间很容易形成"隔辈亲"的祖父母辈，也不可能做到。在孩子成长的过程中，父母为什么要陪伴孩子？因为孩子需要来自父母的爱与重视。父母的爱，对孩子来说是不可替代的。

父母是与孩子关系最亲密的亲人，只有父母能给孩子无条件、无隔阂的关爱和保护，孩子所能感受到的被爱、被肯定和安全感，也首先是从父母那里获得的。从更深层次上说，父母陪伴得不够的孩子，不仅缺少安全感，更缺失了对他（她）来说最重要的人的爱与尊重。一个没有得到足够的爱和尊重的人，他（她）的主体意识自然比较淡薄，责任感也较难被唤醒。

✒ Who？谁陪伴孩子？

上文说了，父母的爱对孩子来说是不可替代的，那么当然应该是父母陪伴孩子了。这个看起来毫无争议的问题，在各类家庭中却有着不同的答案。

有一类父母工作忙，只能委托保姆阿姨或祖父母辈帮助照顾孩子，但他们虽然也可以给孩子爱与包容，却不能取代父母。

还有一类家庭中的父母认为，孩子只要有人陪，谁陪不一样？

甚至有些欠缺承受力和责任心的父母认为，如果能够在世界上找到一对"模范父母"来代替自己照顾孩子，那么自己立刻就可以卸下照顾孩子的重任，去逍遥自在了。然而，想找到这样的"模范父母"，何其难也！

在传统的社会中，母亲是爱的港湾，在家庭中扮演的是给孩子无条件的爱与支持、给孩子内心安稳的角色。父亲是远方的航标，在家庭中扮演的是孩子连接外部世界的向导的角色，两者都不可完全缺位。然而在当代社会中，父母在家庭中扮演的角色有交叉，也更多样了。单亲家庭、重组家庭等新的家庭模式逐渐增多，父母双亲的角色也有了更多样的表达方式。然而无论是哪种家庭模式，父亲或母亲在孩子的成长过程中的陪伴都要占据重要地位。因此，工作再忙、自我空间的享受再重要，也最好不要忽视对孩子的陪伴。没有人能做到无时无刻、无微不至，但至少请尽可能多地抽出一定的时间给孩子。

在我所观察到的案例中，有一类"丧偶式"家庭需要引起注意。在"丧偶式"家庭里，并非真的缺失了父亲或母亲，而主要指父母中的一方在家庭生活和教育中长期缺席的现象，通常以父亲角色的缺失居多。我尤其要衷心地劝告缺失的一方，即使工作再忙，也要尽量陪伴孩子。除了免于让伴侣长期独自承担陪伴孩子的角色，造成压力失衡以外，从孩子成长的角度来看，父亲和母亲所擅长的领域不同，带来的陪伴体验感也不同，父母的陪伴都能够满足孩子一定程度的需求时，才能更好地丰富孩子的成长经历，满足他们内心对父母双亲爱的渴望。

◁ When？什么时候陪伴孩子？

在我接触到的家庭样本中，大多数父母忙于生计，因此没有那么多时间来陪伴孩子。其实，陪伴孩子的时间也并不是越多越好。父母需要有足够的时间和个人空间去工作养家、实现自我的价值，孩子也同样需要自己的空间和时间学着独立地学习、玩耍，与老师、同学、亲戚、朋友等父母以外的人相处。父母只要守住陪伴孩子时间的底线就好了。

所谓底线在哪里呢？我认为，父母每天最好能抽出半小时以上的时间跟孩子交流、沟通。陪伴写作业也好，游戏运动也好，一起准备一顿餐饭也好，这些都能够使亲子通过交谈或共同完成一件事情来达到陪伴的效果。

当然，在孩子不同的年龄段，父母陪伴的时间也有差别。一般而言，孩子越小，需要父母陪伴的时间越长。另外，在一些特殊的时间点上，比如生日、儿童节、毕业礼、颁奖礼等，孩子都比平时更加需要父母的陪伴。

Where？在哪儿陪伴孩子？

为了谈起来方便，我把父母陪伴孩子的场所一分为二：一个是家，一个是家以外的其他场所。

家是父母陪伴孩子的首选场所。作为一家人共同构筑的环境，家能给孩子最大的庇护和温情，也能为父母与孩子之间的交流提供最便利和丰富的素材，让父母陪伴的作用发挥到最大。然而，在当今的社会，许多父母在家中停留的时间却少之又少。伴随经济的快速发展，人的生活和工作节奏也日益紧凑起来。就都市人来说，如今流行的"996"工作制度虽有争议，却也是不少企业员工真实的工作写照。我观察到，不少家长工作日早出晚归，周六也加班，就剩下一个星期日休息。休息日里先睡个自然醒的懒觉，然后开车带一家老小外出午餐、购物，成了这类家长度过有限家庭生活时间的常见模式。在这种情况下，父母很难有一个固定的时间段和稳定、私密的空间跟孩子充分地沟通，亲子之间也容易产生种种隔阂。

但在家以外也有另外一些场所，可以让父母实现对孩子有效的陪伴。有时孩子在外参加属于他们自己的主题活动，如学校运动会、家长会或一些才艺比赛之类，需要父母在旁鼓励加油或共同参与；有时父母可以在认真、周全的考量和规划之后，带孩子去游乐园、野营、参加亲子活动或公益活动等；父母甚至可以在条件允许的情况下，带孩子认识自己的工作场所，让孩子有机会贴身观察、了解父母是怎样工作的——这种"反陪伴"其实也是一种很好的方式。

◁ What？陪伴孩子做什么？

这才是陪伴话题的核心。我们前面谈 Why、Who、When、Where 这些内容的时候，其实已经触及这个问题。父母陪伴孩子，除了要把握好正确的时间和地点之外，更要做"正确"的事情。

对幼小的孩子，父母主要陪伴他们玩耍和读书。随着孩子长大，到入学以后，孩子学习的能力、自理的能力也渐渐增强，父母陪伴的内容就可以更为丰富，活动范畴可以向外扩张。除了玩耍和读书之外，在家共同分担家务，在外参加体育运动、出游和参加各种社会活动等，都有适合亲子的选项。通过这些事情，父母可以带孩子更深入地了解和参与家庭生活，更紧密地维系亲子关系，帮助孩子长本领、开眼界、增见识。

等到孩子进入青春期，更加独立了，父母给予的陪伴在内容上可以进一步深化，比如从在家里做家务可以延伸到勤工俭学。开阔眼界的方式可以从带他们出去旅游发展为做一些具有文化主题和学习目的的考察活动。孩子进入青春期以后，父母可以选择适合的领域，在时间精力允许的情况下，帮助他们争取做义工或志愿者的机会……这是通过各种形式的社会实践引领孩子为将来成年迈入社会做准备。孩子的青春期也是检验亲子关系好坏的试金石，家长如果把握好这个阶段，花时间跟孩子做有效的互动、交流，亲子陪伴的价值也会发挥到极致，其益处甚至可贯穿孩子的一生。

How？怎样陪伴孩子？

我一直提倡打造民主型的家庭氛围。那么，在民主型的家庭中父母又是怎样陪伴孩子的呢？

我的答案是："他们既像教练，又像朋友，与孩子并肩而行。"

父母"既像教练，又像朋友"，说起来容易，做起来很难。这里有一个价值观的"格式塔"转换问题。

所谓"格式塔"是一个心理学的概念，它是德文"完形""形状"一词gestalt的音译。在格式塔心理学中，心理现象上的整体不等于部分之和，整体的性质不存在于它的部分之中，而是存在于整体之中的，它所强调的是"完整性"和"完形性"。运用到我们现在所说的话题当中来，可以这样通俗地解释：父母作为陪伴孩子的角色，他们的完整形象和职能是父母，但在某些情境之下又可以充当"教练"或"朋友"。"教练"或"朋友"的职能虽然不能独立出来，但完善了他们作为父母的角色。也就是说，当父母不仅仅体现家长的关爱和权威，还能在恰当的时机做到"教练"的引导、帮助和"朋友"的尊重、分享、平等交流时，对于孩子来说，"父母"这个角色才更加丰满、立体、完整起来，也会更加可亲、可信赖。

有些父母能够轻松做到在"教练"的角色上教导孩子学会许多自理的基本技能，也能用言传身教的方式传递给孩子观念和经验，却难于和孩子成为"朋友"。以我的经验来看，父母作为"教练"也好"朋友"也好，陪伴孩子，都需要同理心或者说共情力，不要太以自我为中心。

比如，有些孩子总是这样抱怨父母：

"手机才是我爸我妈的孩子。"

"他们只关心他们感兴趣的事情。"

与孩子为伴时最好关注孩子，从孩子所感兴趣的事情出发进行沟通。同时也要避免另一个误区，即试图时时刻刻控制孩子。

控制会让孩子产生叛逆心理。父母跟孩子在一起，是为了给孩子爱与支持、引导孩子成长的，而不应把孩子变成另一个自己。孩子的性格、爱好即使再像父母，也有他们的独特之处，他们自己的路，需要他们自己去摸索，父母只能起到引领、陪伴和帮助的作用。

关于陪伴，有一个最直观的方法，就是请家长们多想想自己的孩提时代，回忆自己成长过程中所接受的陪伴是什么样的，自己当时的感受和渴求又是什么样的——只要知道"己所不欲,勿施于人"的道理,就能学会用恰当的方式陪伴孩子。

三、用四种教育思维教出好孩子

天下没有什么事情比教好孩子更容易,也没有什么事情比教好孩子更困难了。在教育孩子的具体实践中,家长不仅要给孩子无条件的爱,还要准备一套教好孩子的方法论。分析一下那些在教育方面有所成就的家庭,我们还是能够得出一套教好孩子的方法论的。这套方法论,我把它归纳总结为:底线思维、平等思维、自然思维、责任思维。这四种思维可以帮助家长有效地教育孩子。

底线思维

现在家长们最关心的是什么?大概就是如何把孩子培养成优秀、杰出的人才吧。望子成龙,自古如此。但是,请家长们不要忘记:不会做人,何以成才?

这是个简单的事实,却常常被父母忽视。其结果是,孩子不仅没有实现父母"高大上"的培养目标,而且连做人的基本底线都没有守住,"赔了夫人又折兵"。

所以说,教好孩子的第一大方法论是具备底线思维。因为一个人只有守住了底线,才可能不断向上攀登。

父母不能拿孩子做赌注,"不成功便成仁"的思维在教育孩子方面要不得。我们只有帮助孩子守住某些底线，他们才能拥有幸福的人生。比如，守住健康才能享受人生；遵守法律才有人身自由；守住良知才能问心无愧。父母要敬畏底线，也要教会孩子敬畏底线。

在我的童年和少年时代，父母从来没有向我灌输过要考上北大、清华之类的理想，常常挂在他们嘴边的是"做人要诚实""你努力了就行"之类的话。我本人也从来没苛求过自己的孩子必须考进名校。

◁ 平等思维

在孩子的教育问题上，家长不应该过多关注自己的利益，而应该多关心孩子最需要什么。孩子虽然年纪幼小，却有和成人一样的需求——平等、尊重和爱。可是我们看看今天一些家长给予孩子的是什么吧——物质至上的理念、高高在上的态度和任性自私的性格。

如今人们的生活水平已经得到了极大的提高，家长在物质层面能够满足孩子们的需要。可在精神生活上，就有些差强人意了。首先是多数家长不能做到跟孩子平等相处，常见的表现就是对孩子缺乏尊重。

再次套用马斯洛的需求层次论，当下许多父母对孩子的尊重需求、安全需求、社交需求，都在某种程度上缺乏了解，无法运用平等思维与孩子沟通；因此，孩子迟迟无法进入"自我实现"的层次。所以说,教好孩子的第二大方法论是在平等思维上与孩子沟通。

父母做到跟孩子平等相处特别重要,它是检验父母是否无条件爱孩子的一个根本标准,也是孩子获得安全感的起点、社交的起点、尊重的起点。

◁ 自然思维

孩子成才都有哪些规律可循?天分、环境、敏感期、榜样的力量等对孩子的成长都有较大影响。如果要上升到方法论的层面,我要说的是"自然思维"。在我看来,成长的"王道"乃是顺应自然。

顺应自然是我们中国的古老智慧,老子《道德经》对此进行了朴素、透彻的论述。他在第三十七章写道:"道常无为而无不为。侯王若能守之,万物将自化。化而欲作,吾将镇之以无名之朴。镇之以无名之朴,夫将无欲。无欲以静,天下将自定。"最后这句"无欲以静,天下将自定"的意思是"人人都没有了私欲,天下自然也就安定下来了"。这当然是一种极为理想的境界,但应用在父母教育子女方面可以这样理解:如果父母去除自己望子成龙之类的奢求,而顺应孩子的天性,让他们自然成长,家庭这个小"天下"也就太平了。

具体如何"顺应自然"呢?在《爱弥儿》中,卢梭通过爱弥儿成长的故事，阐述了他的自然主义教育观，要点有三：一是要顺应儿童自然本性的发展；二是在不同时期教育的重点不同；三是对儿童要进行直观教育，教他们认识自然、感受自然。

在"顺应自然"方面，家长还需要注意避开一些误区：

第一，把自己的愿望强加给孩子。

第二，误以为对孩子放任不管就是让孩子找到自然天性。

第三，只顾肆意发展自家孩子的自然天性，而不顾周围的社会环境局限，更不顾可能损害别人的利益。

第四，不接纳孩子的平庸。

✍ 责任思维

一个人在追求成为他（她）自己的过程中，需要领悟到对自己的人生负责任的重要性。这种领悟过程，我把它称为"源自内心的责任感"。一个人只有产生了这种责任感，他（她）才会自觉勤奋学习、努力奋斗，把有利的环境因素转化为前行的力量，同时也能把那些不利条件转化为自我磨炼的机会。对一个孩子来说，也只有在领悟到自己身上负有责任时，才能发自内心地正视有关自己的一切及其对周围人的影响，才能真正学会负责，为自己负责，也为他人负责，从更长远来看，是为其一生负责。

四、用力过猛是一种焦虑

人称"罗胖"的罗振宇，在 2019—2020 年的跨年演讲中谈到教育问题，他说人们现在谈起教育，首先想到的就是"焦虑"。

父母焦虑的现状

据浙江一家媒体报道：2018 年秋季学期开学后一周，记者对杭州市中山、振东、振兴西路、凤鸣、北港这 5 所小学的一年级家长做了问卷调查，收回 538 份样本，除了两三名家长没有焦虑感之外，其他家长都或多或少存在着各种小烦恼。这个比例让我心惊胆战——只有 0.56% 的家长不焦虑！

这些一年级新生的家长们都忧心哪些问题呢？记者和老师做了统计，我在这里摘录其中一部分：

一、孩子注意力不集中，怎么办？

二、孩子不能融入集体生活，怎么办？

三、孩子吃饭慢，怎么办？

四、孩子做作业拖沓，怎么办？

五、孩子达不到家长的期望时，家长很烦躁，怎么办？

六、家长工作忙，没时间监督放学回家后的孩子，怎么办？

七、孩子喜欢用手机玩游戏，怎么办？

◁ 用力过猛也是一种焦虑

有焦虑情绪的家长其实不只杭州有，也不只存在于浙江，恐怕在其他省份和地区也不乏焦虑中的家长。上面这些问题为什么会导致一些家长的焦虑呢？我们有必要看看专家的解释："焦虑是因过度担心而产生的一种烦躁情绪。其中含有着急、挂念、忧愁、紧张、恐慌、不安等成分。它与危急情况和难以预测、难以应付的事件有关。"[1] 很显然，关心客观存在的问题是正常的，不会引起焦虑情绪；只有过度担心某些人或事物时，人们内心才会产生焦虑。那么，怎样才算过度担心呢？我看过一篇文章，其中说有一种爱叫"中国式的父爱母爱"，其典型特征是：用力过猛，充满焦虑。看来，用力过猛就是过度担心。

据 2018 年 8 月 10 日的《钱江晚报》报道，8 月 2 日凌晨 1 时许，萧山公安局 110 指挥中心接到一个报警电话，是一位妈妈举报丈夫打骂自己和孩子。民警赶到举报人家里，了解到情况是这样的：毕业于名牌大学的爸爸非常希望女儿像自己一样成为学霸，他给女儿布置了一项暑假作业——每天写 4 篇"有质量"的作文。年仅 10 岁的女儿倍感压力，常常要写到凌晨一两点钟。如果女儿完不成，爸爸就陪在旁

---

1. 彭化杰主编：《教师道德与心理健康教育》，河南大学出版社 2005 年版。

边不允许她睡觉，有时还会打骂她。当晚，妈妈实在是看不下去了，就上前劝阻丈夫，最后落得夫妻吵架，丈夫动手打妻子，逼得妻子报警。

每天写 4 篇作文！表面上看，是爸爸对女儿的要求用力过猛，内里却掩藏着家长的焦虑心态。

焦虑是怎样形成的？

作为三个孩子的父亲，我对"当家长总有操不完的心"这句话多多少少有一些体会，不过并没有达到焦虑的程度。回头想想，过去常常跟与自己同一个年龄段的父母们谈论孩子的"逸闻趣事"，焦虑的家长似乎并不多见。我们这些六〇后是从 20 世纪 80 年代中后期陆续生孩子的，如今八〇后也步入了为人父母的行列。也就是说，在这 20 年里，家长对孩子的关心已渐渐演变成了焦虑。

今天家长们的普遍焦虑无疑有各式各样的成因。有些是客观因素造成的，有些是主观因素造成的，不一而足。

产生焦虑的客观因素至少来自两大方面：一是社会发展了；二是社会竞争太激烈了。社会发展了，越来越多的家长认识到了教育的重要性，因此越来越重视孩子的教育。然而家长的重视一旦越过某条界线，就可能会用力过猛。重视孩子的教育本来是一件好事，不应该让家长产生焦虑；但是，社会发展的同时带来的是激烈的竞争，而在激烈的竞争面前，多数家长都会担心孩子无法取胜。最典型例子莫过于家长怕孩子输在起跑线上。

除了客观因素外，家长心理上的主观因素也应该引起重视。从大的方面讲，主要包括攀比心理、思维方式和价值观。

多数时候，家长焦虑的直接原因源于攀比心理，这也可以解释为什么焦虑心态蔓延得如此迅速和广泛——看到别人家的孩子多才多艺、能文能武，再看看自己家的孩子，整天不是疯玩就是哭闹，"浑浑噩噩"，多数家长都会气不打一处来。这种情形下，有那么一点儿焦虑感，似乎也可以理解。在没有互联网之前，顶多就是亲朋好友、邻居同事、孩子同学之间互相攀比。在互联网时代，尤其有了智能手机之后，微信群和朋友圈里分分秒秒都有人在"秀娃"。真是不看不知道，一看吓一跳——各位家长突然发现自家孩子被别人家孩子甩了几条街。这种攀比心理作祟，引发众多家长一天比一天更焦虑。

在家长的攀比心理背后，更深层次的主观原因是他们的思维方式有局限。

美国哈佛大学教育研究院的心理学家霍华德·加德纳在1983年提出了"多元智能理论"。他认为过去人们对"智力"的定义过于狭窄，不能正确反映一个人的真实能力。他强调出了"智能"一词，并把人的智能分成九种：语言智能、逻辑与数学智能、空间智能、运动智能、音乐智能、人际交往智能、内省智能、自然探索智能和存在主张智能。

过去，学校主要强调学生在逻辑与数学智能和语言智能两大方面的发展，但在加德纳的理论之下，不同的人身上会有不同的智能组合和突出点。比如建筑师的空间智能比较强，运动员的运动智能比较强，公共关系人员的人际交往智能比较强，作家的内省智能比较强等。

家长如若对人的"智能"缺乏相应的认知和了解，局限于过去衡量孩子"智力"的惯性思维方式，习惯于拿自己孩子的短处去跟别家孩子的长处做对比，当然难免焦虑。

再深入一点，从价值观的层面上讲，部分家长把"庸俗成功学"倡导的权力与财富作为自己和孩子唯一的奋斗目标，这是对人生认识的局限和偏差。在当今社会，人们普遍认为获得权力与财富的第一大台阶就是考取一所好大学。本来是"条条道路通罗马"，而现在这些家长把自己和孩子逼得只能"千军万马过独木桥"，谁又能逃脱焦虑的煎熬呢！

◁ 如何克服焦虑？

焦虑不仅折磨家长，也会伤害孩子的身心健康。父母是孩子的榜样，也是孩子最亲近的人，家长严重的负面情绪对孩子是有百害而无一利的。知晓了这个道理之后，家长应该如何减轻焦虑感呢？

对应上文的分析，相信家长们已经明白了，想要减轻焦虑，关键是纠正自己的攀比心理、改变思维方式、重建价值观。

要纠正自己的攀比心理，就要克服自己内心产生的"相对剥夺感"。心理学家对"焦虑"的释义中，用了"相对剥夺感"这个词来说明攀比心理的形成机制。人们以为自己"有权享有"，但实际并非如此，因而产生"相对剥夺感"。举例来说，某人看到邻居买了一辆好车，他认为自己也本该有一辆这样的车，但实际上，他并没有经济能力购买，却因此产生了不必要的负面情绪和压力感。

因此，一个有效方法是，不要只看见别人取得的成就，还要看见别人的努力过程。只有关注了别人的努力过程，才能理解别人为什么会取得这样的成就。人一旦对别人产生理解，不满、怨恨和愤怒情绪就会消散，也会主动去寻找适合自己的努力途径。

要改变思维方式，可以从重新认知世界开始。世界是一个多元的世界，我们的生活也是多元状态下的生活，孩子们的选择实际上也是多元化的。那些焦虑心态严重的家长，一般习惯于二元的思维模式，容易陷入非此即彼的思维套路。如果头脑里整天想孩子不能上最好的幼儿园就会输在起跑线上，不能上最好的小学就读不了最好的初中，不能上最好的初中就不能在中考取胜，不能上最好的高中就考不上一流的大学，不能上一流大学毕业后就找不到满意的工作，没有满意的工作就没有成功的人生，这样单线条思考，十有八九是得不到称心的结果的，也就难逃焦虑的圈套了。

重新审视人生的价值观，你会发现，人在一生的需求中，最重要、最本质的就是幸福了。幸福的人生其实没有那么复杂，只要做到"自食其力、健康、快乐"就够了。我们尊敬那些非比寻常的、伟大的人物，可是要达到登峰造极的成就，不仅要先天具有相应的智能，要经受种种波折和坎坷，也要付出非一般人能够承受的努力和牺牲。这是一个复杂的过程，不是仅凭天赋或仅凭后天努力就能企及的。家长需要接纳孩子的平凡，只要努力了、付出了，就以平常心接受任何一种结果吧。所谓"谋事在人，成事在天"，天下就没有一件事情可以完全由人说了算，何况孩子的未来！中国有一句俗话，叫"拿得起放得下"。让我们这些家长用此言共勉吧。

五、别把孩子的问题全当成自己的问题

这些年有一种颇为流行的说法："孩子的问题都是父母的问题"。乍一听，这句话仿佛很有思想，有些家长甚至不惜把醍醐灌顶、振聋发聩、发人深省、耐人寻味、意味深长等数不胜数的溢美之词甩给它。但静下来想一想，又觉得似乎哪儿不太对劲。原来这句话从逻辑上讲不对劲！从哲学上讲不对劲！从常理来讲也不对劲！

孩子身上的很多问题，确实可以从家长身上找到原因，但并不是所有！

◁ 孩子的问题首先属于孩子本身！

如果"孩子的问题都是父母的问题"这句话成立，那么也可以说"孩子就是父母"或者"父母就是孩子"了。这显然不符合逻辑。

孩子与父母之间存在血缘关系，因此父母的遗传信息会一定程度地反映到孩子身上。现实生活中，我们常爱说谁家的孩子"眼睛像妈妈，嘴巴像爸爸"，说的就是这样的反映。但是，"像"并不等于"是"，何况任何一个孩子总有某个方面（长相、性格、行为）既不像爸爸也不像妈妈。孩子即使跟父母有千丝万缕的联系，也不是爸爸和妈妈的复制品。

记得30年前，我去探望一对刚生完孩子的澳大利亚夫妇。我习惯性地评价他们的女儿像谁，孩子的爸爸则语气温和地纠正我："她就像她自己。" 这件事让我印象深刻，也给我深深的启发。

由此来看，"孩子的问题都是父母的问题"这句话应该修正为"孩子身上的问题中，有些是父母的问题"。

◁ 个人价值应由自己去谱写！

我接受存在主义哲学的一个通俗观点：人与动物的本质

区别就是，一头动物的价值在其出生时就被决定了，而一个人的价值则要等待这个人自己去谱写。

人人都有决定自己价值的机会。父母可以对孩子施加影响，但无法决定孩子未来的人生价值。"孩子的问题都是父母的问题"这句话背后的哲学理念是父母将决定孩子的价值，那么进一步推演，就会得出"孩子好都是由父母决定的，孩子不好也都是父母决定的"这种观点。这是不符合现实的。

从"内因与外因"的角度来理解，这句也是不对的。孩子在成长过程中会受到环境因素（外因）的影响，而环境因素最早体现为家庭，最终过渡到社会，其间还存在学校这样的教育环境。家庭并非影响孩子成长的全部因素。

在一定的家庭氛围之中，父母对孩子会产生深刻的影响，但是环境因素（外因）毕竟需要通过孩子本人（内因）才能发挥作用，即孩子本人的状况也决定了其对父母的影响有选择性。

人在长大、变成熟的过程中，渐渐脱离家庭氛围，走向社会，环境因素的范畴也就从家庭扩展到了社会层面。因社会经验不足而缺乏辨别能力，犯错误、走弯路总是难免的。人由于孩童时期在家庭氛围中受父母影响，遇到岔路进行选择时，便具有了一定的倾向性，但人同时又具备不断学习和修正自己的能力，因此看来，父母的影响也不是决定性的因素。

从现代哲学的角度来看，我把这句话修改为——孩子的问题与父母的问题相互交织。

✈ 在恰当的范围内尽管教之责！

就与孩子的亲近程度而论，父母自然是孩子最亲近的人。父母对孩子的影响之大自不必说。但是，在现实生活中，不少家长也有这样的经验：在某个成长阶段，孩子会把某位老师当作心目中的偶像，老师的话才是金玉良言，父母的话远不如老师的话有分量。这种情况下，老师对孩子的影响也很大。另一些孩子十分看重朋友，朋友是他们心目中地位最高的人——"近朱者赤，近墨者黑"，这种情况下，朋友对孩子的影响同样很大。

这样看来，把孩子身上出现的所有问题都归因到父母身上，对大众认知有误导作用。这句话旨在提醒家长，多在自己身上找问题，然而把所有的问题都归咎到父母身上，而不从其他地方找原因，会致使家长们错过找到解决问题的方法和良机。

因此，从常理的角度来看，我把这句话修改为：孩子身上的问题中有一部分源于父母。

只有当父母经过分析、认清孩子的哪些问题出在自己身上，哪些问题出在其他环节上，才能更明确自己对孩子肩负什么样的责任，在恰当的范围内对孩子施加影响、尽管教之责，这才是父母应该做的。

第三章　良好的家庭氛围与有效沟通

一、亲子关系决定家庭氛围

今天，家庭教育的问题很多。

这里的"问题"二字，可以有两个不同层面的理解：

一个层面属于普遍存在的疑问，具有普适性。如：什么样的成长环境更有利于孩子成才？在家庭教育中父母该怎样分工？怎样培养孩子的兴趣爱好？如何培养孩子的好习惯？等等。

另一个层面属于"非常规"的麻烦，相对来说不那么普遍。如：经历丧偶式育儿怎么办？对单亲家庭的孩子如何教养？孩子沉溺于游戏怎么办？夫妻二人对教育孩子的方法严重发生分歧怎么办？等等。

对于普遍存在的疑问，父母可以通过清楚的认识和分析，找到得当的方法来解决。但对"非常规"的麻烦，却往往令人感到棘手。

我要谈的孩子的成长环境问题就属于普遍存在的问题。

要找到问题产生的原因，我们要先调查孩子的成长环境。

在现实生活里，所谓"理想"的成长环境其实是相对较少的。我们先说说家庭。

❀ 五种亲子关系

有这样一种说法：尽管我们改变自己并不容易，但是跟改变社会和别人相比，改变自己已是最容易的事情了。以我多年的教育和创业经历，我可以非常肯定地告诉各位家长，家庭氛围对孩子的影响比学校和社会氛围对孩子的影响更深刻、更持久，良好的原生家庭氛围能够让孩子受益终生。我们已经分析过，家庭氛围分为正统型、包办型、放纵型、冲突型和民主型五种，而这五种类型是由亲子关系决定的，亲子关系实际上就是家庭氛围的具体表现，也可以说是家庭氛围的缩影。

对应五种家庭氛围，常见的亲子关系大致有五种类型：溺爱型、专制型、粗暴型、冷漠型和朋友型。

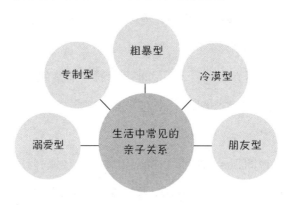

在这五种亲子关系中，父母分别扮演不同角色：

一、溺爱型：父母是服从者，对孩子几乎百依百顺。在这样的关系中，孩子可能充满自信，但也很可能不抗压、无力担责。

二、专制型：父母是独裁者，在家里搞一言堂。在这样的关系中，孩子可能柔顺乖巧，但也很可能习惯服从、依赖，甚至容易叛逆和充满敌意。

三、粗暴型：父母是暴君，有暴力倾向，常常打骂孩子。在这样的关系中，孩子很可能会变得自卑、懦弱，满身戾气。

四、冷漠型：父母是路人甲，与孩子形同路人。在这样的关系中，孩子很可能性格冷漠、消极。

五、朋友型：父母是好朋友，跟孩子相亲相爱。在这样的关系中，孩子会更独立、有主见、善解人意。

山东的一位国家二级心理咨询师向她的几百位客户展开了一项关于亲子关系的调查，得到的调查结论是95%的客户家庭中亲子关系存在问题。其中，溺爱型占被调查家庭的比例为60%，专制型占比20%，粗暴型占比10%，冷漠型占比5%，剩余没有亲子关系问题的家庭为朋友型，占比5%。

这虽然是个小规模调查，但也反映出在实际生活中亲子关系存在这样那样的问题。特别是溺爱型的占比偏高。我要特别说明的是，相当一部分的溺爱型家长并不具备典型性，也就是说他们对孩子的溺爱并没有极端的表现，但其后果却是真实存在的，只是家长自己不清楚罢了。

❀ 自我分析并改善亲子关系

那么，我们应该如何改善亲子关系？或者说，如何建立更好的亲子关系呢？

我的建议是：父母首先从践行平等精神开始，其次不断健全自我的爱心。

第一章中，我们已经分析过父母有三重角色，其中第三重就强调了父母与孩子是平等的（本书第32页）。再看亲子关系的五种类型，显而易见，溺爱型、专制型、粗暴型亲子关系中的父母都缺乏平等精神。如果要主动转变亲子关系，建立平等关系，父母要从哪里做起呢？

反思自己过去的言行中，哪些体现了对孩子的尊重而非掌控或服从，哪些与此相反。父母尊重孩子，孩子的表现与反馈也是积极、健康、向上的，如果孩子对父母的态度出现了退缩、依赖、反叛、冷漠等消极情况，就很有可能是父母对孩子的态度发生了偏差。认清这一点后，父母及时、主动地做出纠正，勇于改变，耐心等待，亲子之间的关系自然也会随之而变。

其次，亲子关系要健全，需要父母是拥有健全爱心的人。如果说在亲子关系发生问题时，我们对具体问题进行具体的反思和纠正是细节，那么父母不断在学习和自我完善中改变自己，对于亲子关系来说，则意味着方向性的、根本性的调整。

这是因为，父母的性格在很大程度上影响着亲子关系，也影响着孩子的性格。美国西北大学新近的一项研究成果综合考虑人的五大性格特征维度（神经质、外向性、尽责性、亲和性、开放性），把人的性格分成四大类型：平均型、保守型、榜样型、自我中心型。以这种性格四分法为例，性格为平均型和榜样型的家长，更加倾向于接受朋友型的亲子关系；性格保守型的家长更加倾向于继承传统，也就是保持专制型的亲子关系；而自我中心型的家长可能很摇摆，一阵子对孩子很民主，一阵子又喜欢对孩子施行专制。但是，无论什么性格的家长，只要他们认识到朋友型的亲子关系最适宜孩子成长，下定决心改变自己，都可以改变眼下不良的亲子关系。

比如，在冷漠型的亲子关系中，孩子的冷漠、消极其实是对父母态度的真实反映。在这样的亲子关系下，父母如有心做出改变，想要引导孩子做一个有爱心、勇于承担责任、行为自律的人，那么首先就要从自身做起，自觉地做出表率，并付诸长期的耐心。家长只有自己做到了，再对孩子有所要求和进行引导时，才能为孩子提供榜样，从而更具有说服力和持久性。

❀ 建立朋友型亲子关系

某个周六上午，在我的作文培训班课堂上，我的开场白是："同学们上午好！今天开心吗？"在大多数同学"开心"的回应声中，突兀地跳出来了一个"不开心"。

我立即循声找过去，注意到一个垂头丧气的男生。我追问他："为什么不开心？"

"今天早上爸爸打我。"这位男生回答我的时候，委屈得红了眼眶。

我只好安慰他两句，不再追问究竟。

课后，我联系了他的父亲。这位身为法官的爸爸告诉我：孩子太粗心，都读五年级了还经常把简单的字写错，"的""地""得"不分，打他是让他长记性。

我告诉这位父亲：你儿子能不能长记性，我说不准。但是，孩子早上挨了打，一上午都提不起精神，上课的效果肯定好不了。

这个例子中的父子关系，很明显地表现出了专制型的特征，父亲对儿子的态度所产生的负面作用也是显而易见的。这种亲子关系在我国也是最为常见的。

与专制型亲子关系相反的是放纵型。当孩子与小朋友玩耍时，家长即使当面看见孩子的言行不妥，也不闻不问。从表面上看，父母对孩子充满了爱，孩子也自信满满，实际上反映出父母对孩子疏于管教，是孩子的服从者。在这种亲子关系中长大的孩子容易缺少规则意识，与人相处时可能会陷入以自我为中心的危险中。

粗暴型和冷漠型更不必说，对于孩子身心的健康成长来说都存在很大的隐患。

相对来说，比较理想化的亲子关系就是朋友型了。在这样的亲子关系中，父母能够做到既当孩子的"教练"，又当孩子的"朋友";孩子既能心悦诚服地以父母为榜样,又容易养成与父母沟通的习惯,在与别人相处时,也能既保持独立的意识,又能表现出友好合作的态度。如同倡导民主型的家庭氛围那样,我也坚定地主张并鼓励家长积极建立朋友型的亲子关系。

在这里,我想再一次引用简·尼尔森的名言——"和善等于尊重"。在我看来,这也是建立朋友型亲子关系所必备的一种理念和态度。

比如在玩手机游戏的问题上,朋友型家长的通常做法是先跟孩子交流游戏的利与弊,然后与孩子共同商量趋利避害的方法,再一起制定出玩手机游戏的家庭规则,像一周玩几次、具体什么时候可以玩、每次玩多久之类。如果孩子遵守了规则,可以得到相应的奖励;违反了规则,则要受到一定的惩罚。

家长必须牢牢把握住孩子成长的安全边界,和善而坚定地把民主执行到位。这里所谓的"安全边界",既包括孩子成长的大是大非问题,也包括有关孩子成长的各种行为规则。

❦ 父母与子女要互相理解

世界上既没有完美的父母,也没有完美的孩子。既然父母不是圣人,那么教育孩子时就会出现这样那样、或大或小的问题。无论家长选择哪种教育方法,在具体落实时,都不可能百分之百落实到位。但我们在对无数前人的教育经验进行了对比与总结之后，总会得出相对而言更为科学、有效且有益的方法。

就拿那本让数百万孩子、父母和老师受益终生的经典之作《正面管教》来说吧。所谓正面管教，就是一种"不惩罚不骄纵"的管教方法。这种方法提倡父母在管教孩子时要做到"和善与坚定并行"。

所谓"和善"，就是无论孩子做得好与不好，哪怕闯了大祸，家长都要态度和善地与孩子沟通。所谓"坚定"，就是在大是大非面前，在社会规范、家庭规则、父母与孩子的约定面前，如果孩子有所违背，家长必须坚守底线。和善与坚定的有机结合确实是天下父母管教孩子行之有效的好方法。但是，古今中外又有几位家长能够完全做到呢？

在与孩子朝夕相处的同时，父母的心绪每时每刻都会发生变化。在孩子身上，什么事情都有可能发生。在现实生活中，即使那些脾气很好、修养很好的父母，也会遇到被孩子气得失态的情况。而那些管教孩子一向严厉的"虎爸""虎妈"，也难免在孩子触碰"红线"时，因为心软而没有及时制止。这些现象的发生一点儿也不奇怪，因为父母不是圣人嘛。

即使是再优秀的父母，管教孩子时也总会有做得不够好的情况。这时候，家长不必过分沮丧，旁人也不必大惊小怪。

在现实生活中，一些小小的失误一般不会造成很严重的后果。因为孩子身上还有一套修正行为的"自我调节系统"。普天下的杰出人士，他们的父母也不是完美的，有的还有明显缺陷，但他们自身仍然非常出色，这就是这套"自我调节系统"发挥作用的结果。

家长做了错事怎么办？我们要勇敢地向孩子承认，寻求谅解，坦诚分享。家长的自省行为、批评与自我批评行为，可以帮助孩子学会理解他人。一个善于理解别人的孩子，一定是一个自律、有责任感、能够与人合作的孩子。理解父母，是孩子学习理解别人的第一课。然而，某些道貌岸然的家长，总想在孩子面前假装"圣人"，从不示弱，这些家长一定会尝到自酿的苦果。

家长需要理解孩子，孩子也需要理解家长。家长与子女互相理解，两代人都会产生共情力。这也是孩子日渐懂事、成熟、自立、有担当的必经之路。

我说过"老师并非父母必然的角色"，因为不是所有父母都能承担起这一责任。不过，已经有越来越多的父母意识到，家庭教育远比名校、名师更重要，而自己就是孩子的第一任老师，自己对待孩子的态度和行为，将对孩子的一生产生深远的影响。

二、做个"麦田里的守望者"

我一直都提倡朋友型的亲子关系，这类亲子关系中的父母如同"麦田里的守望者"，管教孩子宽严相济，既不体罚孩子也不放纵孩子，给孩子最大的自由，同时认真管好孩子的边界。不过，我也收到了不少家长朋友的反馈，较为普遍的意见是：管教孩子宽严相济太难啦！一位朋友给我留言："宽就容易放任，严就容易过界，很愁人。"

其实，管教孩子宽严相济说难也难，说不难也不难，关键是家长能不能像"麦田里的守望者"那样，拥有决心、耐心和信心，把握好距离，尤其把握好为人父母的边界与分寸。

✿ 自行车上得来的经验

我于 20 世纪 60 年代出生在山城重庆。那时候的重庆人，一出门就要爬坡或下坡，自行车很少见，会骑自行车的人自然也不多。我是 1981 年到北大读书以后才学会骑自行车的。

记得 1982 年暑假前，一位技术物理系的学长兼老乡毕业了，要回重庆工作。临行前，他把旧自行车送给我。我开始在操场上学骑车。我先是在车座上坐好，请一位同学站在车后面用双手扶车后座，帮我保持平衡，然后我就这样晃晃悠悠地沿着四百米的操场跑道骑了大半圈。同学慢慢松开车后座，我也就尝试独立骑行。

刚开始，我每次骑到十来米远，就会向一侧歪倒，只能单脚站在路上。后来，我又试着重新掌握平衡，继续骑行。如此重复练了多次，我感觉自己可以正式骑车上路了。

接下来的任务是学会上车。与会骑车的同学交流经验，他们告诉我学上车比学骑车还要难。为此我专门挑了时间宽裕的周六下午去学上车。午饭后，我推着自行车来到图书馆前面的广场上，按照同学们教我的诀窍，左脚踩在踏板上，推着车一阵小跑，大约跑了五六米，我用力抬起右腿，跨过自行车的横杠，屁股稳稳地落在车座上面，自行车缓缓向前滑行。成功了，我学上车一次到位。这背后隐藏的其实就是我学车的决心和信心。

学骑自行车难吗？说难也难，说不难也不难，我们一旦学会了，骑车的技能就变成了终身的习惯和本能。要学习一个方法，也是同样的道理，原理上是相同的。

骑车需要掌握身体与自行车的平衡，管教孩子则需要掌握严与宽的平衡。

❀ 先严后宽，教育之道

那管教孩子是"先严后宽"好呢，还是"先宽后严"好呢？显然，这并不是一个形而上的问题。在生活中，当孩子不讲规矩的时候，家长常常会说："孩子还小，以后慢慢教吧！"家长们的这种说法，其中的潜台词就是教育孩子可以或者应该"先宽后严"。事实上，"孩子太小还教不会，等孩子长大了就容易教了"之类的想法，多数情况下并不符合孩子的成长规律。

我们再说说"关键期"。享誉全球的儿童教育心理学家蒙台梭利认为"关键期是上天赋予幼儿的生命助力，如果儿童在敏感期的内在需要受到妨碍，就会丧失学习的最佳时机，日后要想再学习此项事物，不仅要付出更多的努力和时间，而且效果也不显著"。

儿童成长存在"关键期"的现象，说明家庭或学校教育孩子时，需要顺应儿童的成长规律。对小孩子的某些观念、能力和习惯进行培养，并不是任意时候都合适的。培养得太早了不行，太晚了也不行，黄金时间只存在于那么一个阶段。而学习一旦进入关键期之后，家长们只有从严要求，才能做到不让孩子错失良机。

有很多成功的案例证明，在管教孩子这件事情上，家长一定要讲究顺序，先严后宽效果才好。特别是在培养孩子的某些重要习惯时，如果家长一开始抓得不紧、管得不严，那么孩子很可能就会养成一些不良习惯。即使家长后来意识到问题的严重性，再想严格要求，孩子也很难适应了。我相信，不少家长都有一个共同的感受，那就是纠正孩子的不良习惯非常困难。

幼儿期的孩子生活中有四件大事——吃、走、说、玩。

我们就以幼儿吃饭为例。

按照孩子的成长规律，婴儿成长到六个月左右，在吃奶之外就需要添加辅食了。而在婴儿学会走路之前，大人喂饭时，孩子的位置是固定的；等孩子一岁左右蹒跚学步并牙牙学语，家长就需要帮助孩子养成坐在固定的座位上让大人喂饭的习惯了。此时，家长特别要注重培养孩子吃饭时集中注意力，不能边吃边跑、边吃边说、边吃边玩。当孩子两三岁时，家长除了要继续保持孩子在固定座位上吃饭的习惯之外，还要耐心地教孩子用勺子或筷子吃饭。如果孩子一时达不到家长的要求，比如吃饭时坐不住、想说话、偏要玩，家长要耐心等孩子静下来，再让孩子继续吃饭。如果孩子拖延的时间太长，那么就干脆不要让孩子吃饭了。孩子因为没吃饱，饿了想吃零食，家长坚决不能给，一定拖到下一次正餐时间，要求孩子按规矩安静下来再吃饭。

在现实生活中，大人追着孩子喂饭的行为极为常见——看上去，家长为了孩子长身体，大有不惜一切代价的决心。殊不知，这些家长错过了孩子养成在固定座位上专心吃饭的习惯的关键期，孩子很容易养成不能长时间集中注意力的毛病。而注意力不集中又将成为孩子读小学后成绩差的第一大原因。可见，孩子的吃饭习惯背后，潜藏着一个重要的能力，即"专心致志"，也就是俗话说的"一心不能二用"。这个能力，不仅跟孩子能否长时间保持注意力集中有关，还跟孩子的毅力有关。让孩子养成做事专心的习惯事关孩子的未来。因此，家长必须守住底线，严格要求孩子。

三、批评要少而精，鼓励要具体

鼓励与批评是亲子沟通中常用的方式。为了塑造孩子健全的人格，家长对孩子的鼓励与批评一个都不能荒废，切忌滑向只表扬或只批评两个极端。

接下来，我就以当下家庭教育的普遍现状为切入口，去分析该如何鼓励和批评孩子。

❀ 批评不是带贬义色彩的词语

家长可以批评孩子吗？这个本来不是问题的"问题"，现在竟也成了问题？其实，我抛出这个问题，并非要回答"可以"或"不可以"，而是想讲一讲在教育孩子时，家长应如何区别批评、指责甚至打骂。

孩子是需要批评的。未成年人，特别是年龄在 12 周岁以下的儿童，不谙世事，自我控制能力弱，父母对其不当的言行进行纠偏指正，完全在情理之中。《三字经》中有这么一段谈家庭教育的话："养不教，父之过。教不严，师之惰。子不学，非所宜。幼不学，老何为。"这就是民间俗语"子不教父之过"的出处。

"批评"一词作为生活用语，其含义是指对别人的缺点或错误提出意见。比如孩子小时候不懂事拿了别人的东西，家长就要指出他的做法是不对的。但需要注意的是，批评不是指责，不是抱怨，更不是批判，批评不是带贬义色彩的词语。

金无足赤，人无完人，何况处于成长阶段的孩子。他们因为成长和社会经验不足常常会做错事情。这个时候，家长和老师的职责是及时为他们指正。这个指正的过程，就是家长和老师对孩子进行的批评教育。要知道在指出孩子缺点、错误的时候，即使家长和老师的态度温和，孩子们也会产生一定的负面情绪。但只要负面情绪被控制在一定程度内，批评教育对孩子的好处就会远多于坏处。而且正是由于一定程度上的负面情绪，孩子才会对自己犯的错误记忆深刻，日后才会改正。当然，孩子做错事情，我们也要视情况处理。

当孩子犯错误或者没有做好某件事情时，我们可以从两项指标上来判断是否要对其进行批评。一项指标是看其是否有意为之，另一项指标是看其是否能力不足。如果孩子是无意或是能力不足导致做错事的，家长就要原谅并鼓励孩子，而不能批评孩子。这种时候，家长可以对孩子说："没关系，下一次你就会做好的。"如果孩子有意做错事情，或者有能力把事情做好却没有做好，这说明是孩子的态度存在一定的问题，家长需要向孩子指出来，要批评孩子。但是，家长的态度要温和，不能声色俱厉，更不能打骂。

我注意到，在生活条件大为改善的今天，一些被父母奉为掌上明珠的孩子，特别是学生时期成绩相对优秀的，在面对老师的批评和生活中的小挫折时，总会反应过激，像酒精或花粉过敏似的，顿时脸红脖子粗，甚至长期萎靡不振。

从长远看，生活并不完美，人生有起有落。因此，提升孩子抗压力的课题，也摆在家长、老师面前。自信心爆棚与严重不足，都会危害孩子的成长。对于孩子来说，前路漫漫，没有一定的抗压力何以"宁静致远"？因此，家长教育孩子时既要鼓励又要批评。这看起来像一句废话，其中却包含着无穷的哲理，要想把这句话贯彻落实，还有一定的难度呢。

我们已经分析过，家长要无条件地爱孩子，而为了让孩子在朋友型的亲子关系中健康成长，又要注重与孩子共同制定规则，"约法三章"。

在朋友型亲子关系中，绝大多数孩子做错事情，多数情况下是缺乏经验和能力暂时不足（正在学习过程中）造成的。也就是说，家长真正需要批评孩子的情况并不多。批评是家庭教育的重要方法，但是要慎用，必须少而精。

鼓励与批评的背后，其实体现了家长教育孩子的观念与方法论。家长教育孩子，需要鼓励与批评刚柔并济，鼓励孩子的次数要数倍于批评孩子的次数。

❀ 儿子（女儿），你真棒！

那么，应该如何用好鼓励呢？

在我国传统家庭里，父母通常是不轻易表扬子女的。这种环境中长大的孩子，大多责任感比较强，但往往也存在自信心不足、惧怕失败的情况。

在这样的文化背景下，提倡家长多鼓励孩子，便显得十分必要了。这种情况正在发生着改变。如今年轻一代的家长不仅懂得鼓励的意义和价值，而且身体力行。"儿子（女儿），你真棒！"这句话流行街头，就算一个佐证。

鼓励孩子也是讲方法的，鼓励并不等同于表扬。美国斯坦福大学的心理学教授卡罗尔·德维克通过一项心理学实验，发现了鼓励与表扬对小学五年级学生的不同影响。那些被夸奖为聪明（表扬）的孩子往往误以为成功是由于自己的天赋，而非后天的努力，因此在面对困难时不愿意努力克服，对失败更是常常感到束手无策；那些被夸奖为努力用功（鼓励）的孩子，他们会认为成功与否都掌握在自己手中，无论面对困难还是失败，都会尽力去克服。

鼓励通常针对的是应对问题时的态度和过程，表扬则通常针对成绩和结果。卡罗尔·德维克的实验，再一次证明了个体心理学创始人阿德勒的观点：

表扬会妨碍孩子承担风险和挑战困难的勇气，甚至造成孩子患上寻求认可上瘾的症状。

家长对孩子的鼓励越具体越好。比如孩子的某篇作文写得好，家长可以这样说："我看到了你努力取得的进步，作文内容全部都是你的真实经历，有些细节让我感动。"

部分家长需要改变鼓励孩子的方式，不要总用一些空洞的溢美之词去夸奖孩子，比如"你真棒""你真聪明""你好帅""你好厉害"等。当家长在向孩子表达"棒""帅""聪明""厉害"这些称赞之词的时候，不要忘记说出具体的原因，比如"你今天投中的那个球很厉害""你刚才表达的那个看法很有说服力""你昨天理的发型很帅""你已经会做西红柿炒鸡蛋了，真棒"等。

鼓励也是要分场合的。当孩子做错事的时候，家长该如何对待孩子呢？我又想起《小时偷针大时偷金》的故事：

古时候有一对夫妻，他们有一个聪明伶俐的男孩，男孩刚会走路时拿了一个货郎家的一根针。回家后，母亲居然表扬了他一番。后来他长大一些，就开始偷人家的玉米。母亲知道后也没有制止。再后来，他开始偷贵重的东西，父母知道后依旧没有制止。等男孩成人后，他偷了很多牛马及金银珠宝，终于被官府抓住了。因为偷盗次数太多、赃物数目太大，官府判他死罪，秋后问斩。行刑前，母亲去牢里给他送行，他提出一个奇怪的要求——想再吃一次母亲的奶，于是他的母亲就满足了他的要求。岂料，他竟一口咬掉了母亲的乳头，然后说："小时候我偷东西，母亲您没有制止，我才落得今天的下场。我现在很恨您。"儿子被斩首后，母亲不久也在身体的疼痛和心灵的悲痛中离开了人世。

瞧，在教育孩子时，除了鼓励之外，批评有多么重要！

四、怎样把孩子培养成自己期望的人？

《安娜·卡列尼娜》中有这样一段话："幸福的家庭总是相似的，不幸的家庭各有各的不幸。"成功的家庭教育也总是相似的，而不成功的家庭教育各有各的问题。面对数不胜数、层出不穷的家庭教育问题，父母光是着眼于这些表层现象，而不深入内里，那么就算耗费再多的精力和金钱，也很难找到根由所在。

我打算把寻找家庭教育失败的根由，看作家庭教育的核心问题来探讨。既然是核心问题，就是说这样的问题很重大，具有本质性。接下来我所谈的内容都只围绕以下问题：

父母期望把孩子培养成什么人？怎样把孩子培养成自己期望的人？

这些问题，便是我认定的家庭教育的核心问题。

♣ 父母有权力决定孩子的未来吗？

我国有一个传统风俗，叫"抓周"。家里生了孩子，孩子满一周岁时，家中长辈会把代表各行各业的物品摆在孩子面前任其抓取，然后根据第一次抓到的物品预测孩子未来人生的发展方向。与其说这是个生日游戏，不如说它暗含着父母对孩子未来的强烈期许。

父母当然有权利期望孩子成为某类人。属于动机范畴的期望在没有变成行动之前，并不会侵犯个人、群体的利益，也就不可能形成事实上的错误乃至犯罪行为。可以说，人人都有权利发出任何期望——思想无罪，更何况是父母对儿女的美好愿望呢。

既然我明知父母对孩子的发展方向有权利提出期望，为何还有这般问题呢？这是因为权利不等于权力。我看到不少家长认为自己有权力决定孩子的未来，因此把自己对孩子成长的期望武断地付诸行动，而且不达目的誓不罢休，为一家人带来了痛苦。这个现象说明那些家长对于"期望"二字知其一，不知其二。

父母有期望孩子成为什么人的权利，但却没有把孩子变成什么人的权力。父母能够影响孩子长大后成为什么样的人，但是，并不能决定孩子的命运。

一些父母把孩子当作自己的附属品，从孩子出生起就为其未来做各种筹划，逼迫孩子将来走上自己规划好的道路。

孩子稍有反抗，轻则施以"道德绑架"，重则打骂。

面对这种家长，我不得不说一句：君有疾在骨髓！

父母不是孩子的主宰者，孩子也并非家长的附属品。孩子有自己的人生，只有孩子自己才拥有决定其未来的权力。

有许多家长认为，如果自己不帮孩子决定未来，孩子只会陷入泥淖中，把前程断送了。在这里，我必须对这样的家长说一句：你想多了。

我在培养自己的孩子时，从未把对未来的决定权从孩子的手里夺走，而是观察他的言行和心理，鼓励他畅谈自己对未来的想法。当他对未来产生迷惘情绪时，我会冷静地帮他分析和辨别，从他脚下延展出的不同的道路，和他一起探讨到底哪一条道路才适合他。但是真正决定走哪一条路的，只有他自己，我无权干涉！

父母可以期望孩子长大后成为富豪、高官、明星、艺术家、科学家，但不能逼孩子就范——大多数情况下，父母逼迫也是没有用的。父母可以向孩子表达自己的愿望，也要懂得尊重孩子个人的选择。

❀ 帮助孩子自主做出选择！

家长有权利期望孩子成才，但无权决定孩子的未来。家长要把对孩子期望的重点放在"定性"而非"定量"上。具体地说，就是家长应该重点关心把孩子教育培养成什么品格的人，而不是越俎代庖地替孩子确定未来的就业方向。

让人忧虑的是，现在不少父母盲目地为孩子确定一个发展目标，紧接着就投入大量金钱和时间去培养孩子。这些家长要么是受了"庸俗成功学"的影响，要么是虚荣心作祟，既不考虑孩子是否具备那方面的天赋和能力，也不关心孩子有没有那方面的兴趣爱好。这样做的结果大多是"劳民伤财"——孩子叛逆、家长虚耗钱财，白忙一场。

为了开发孩子的潜能，家长让孩子尝试多方面的兴趣爱好是没有问题的。但是，在这种尝试中，家长仅仅根据自己的判断就认定自家孩子是某方面的专才，开始逼迫孩子花很多时间在一个方向上发展，就有武断的嫌疑了。研究表明，除了有先天性缺陷的孩子，绝大部分孩子都具有某种天赋能力。这种天赋能力需要家长、老师、孩子本人去发现。问题是，一个人相对擅长的天赋能力，并不一定都能够应用于未来的职场。比如，我很难用自己写诗的能力去竞争一个高薪的职位，它只是我的一个爱好和追求。

1994 年，我刚入职 TCL，时不时会收到一张稿费汇款单，我当时的老板李东生看了看单据上的几十元的金额，说："靠它，你得饿死。"

现实中高薪的行业也并非大多数孩子的天赋能力所能及的，甚至其领域也可能并不是大多数孩子的兴趣所在。一个人的职业选择，最好是兴趣爱好、天赋能力、社会需要三方面的结合。如果这三个方面不能较好地结合，那么最好让孩子自主做出选择。只有孩子自主做出了选择，他（她）才能甘愿承受现实冲突带来的不适感。

❧ 父母可以塑造孩子的人格！

一般而言，生活水平低的家庭更倾向于尽早替孩子选择职业方向，目的是尽快脱贫致富；生活水平高的家庭则更倾向于为孩子搭建发展平台，给孩子职业方向选择上的自由。

当一个家庭跨过温饱线，达到小康甚至更高的生活水平之后，这个家庭也就拥有了让孩子自由选择未来职业和生活方式的物质基础。

父母明确了期望把孩子培养成什么人之后，最好的实践方法是先塑造孩子的人格。

人格的塑造是孩子未来发展的基石，是他们起飞的平台。一个人的人格是由其先天遗传因素与后天环境相互作用而形成的，它浓缩了人类灵魂的本质。性格、气质、信仰、品德、品质、良知、尊严、魅力等，都是人格塑造的一部分。在人格特征的多个维度中，信仰、品德、品质、良知、尊严等要素都与人的价值观息息相关。

著名华人神探李昌钰的母亲王淑贞生了 13 个孩子，培养了 13 个博士。她经常跟孩子们说，"待人要好，做事要专心，少说话，多做事"，"做人要刻苦、坚强、善良"。

美国前总统老布什的夫人芭芭拉，管教孩子的方式既严厉又幽默。据说她常常挂在嘴边的话是："做个好人，永远说实话，不要轻视任何人，为别人服务，以自己想要被对待的方式对待他人。"

最后，我重申一遍我的观点："自食其力，健康、快乐是人生最大的成功。"孩子做到了这三点就是幸福，成为这样一个幸福的人，是我作为家长，对孩子最大的期望。

五、聪明的家长无惧沟通难题

两年前，我创业做中小学生作文培训。原来规划的发展路径是先开展线下授课，再发展线下与线上结合的双师模式，最后以线上教学为主导。可新冠疫情使学校和校外培训机构的线下授课中止了三四个月，不得已，我只好先尝试线上教学。我随即发现，在线课堂不仅改变了我的教学方式，而且也改变了我跟家长之间的交流方式。过去，我的亲子作文课或家长课堂常常需要借用文化艺术中心的音乐厅这类平台，而受众只能容纳两三百位。去年3月初，在微信公众号"阿吾说"上建立"在线课堂"平台，我的"阿吾家长课堂"课程便从此搬到了线上。

7月3日晚，我为学生家长们举办了一堂公益讲座，在"阿吾说"的在线课堂上做了直播。在准备讲稿时，我和助手们做了一个小范围的摸底调查，向几十位家长询问其在教育孩子时最头痛的事情是什么，竟有三分之一的家长回答，自己跟孩子在沟通上存在障碍。

❀ 沟通障碍会永远存在

其实，家长对此不必大惊小怪，因为人与人的沟通永远存在问题。

人与人之间既是同类，又是有差异的个体。

常言道："人与人不同，花有几样红。"清代著名藏书家徐时栋著有《烟屿楼笔记》，其中有"人生得一知己足矣，斯世当以同怀视之"的语句。鲁迅摘出此句写成对联赠给瞿秋白，让这句话广为流传。

无论是俗语，还是名家名言，都强调要在世界上找到两个想法完全相同的人很难。

沟通是指人与人之间感情和思想的交流。由于先天性格和后天养成造成的差异，在面对同一件事情时，不同的人会有不同的态度、看法及表达方式。这些不同会以主客观的形式让两个人的沟通出现障碍。我们经常会见到持有不同观点的网友们在网络上"撕"个没完没了，任谁劝都没有用，这足以说明人与人之间沟通的障碍永远难以消除。

正因为人与人之间的沟通障碍难以消除，才有了求同存异的智慧。我们作为普通人生活在社会中，出于种种原因，必须跟形形色色的人交往。这就要求我们必须学会与人沟通。当然，谈得来就谈，谈不来就少谈或不谈，多数情况下无须把沟通障碍放到心上。但当遇到一些特殊情况时，比如工作中的上下级之间发生误解、办事遭遇困难、教育孩子遇到挫折等，我们就必须跟涉事的对方做必要的沟通。这个时候，沟通中的障碍就凸显出来了。

❀ 不要带着偏见去沟通

父母跟孩子间的沟通是必需的，而且为了获得较好的效果，这种沟通必须保证一定的数量与质量。没有良好的沟通，家庭教育就不会产生积极的效果。我这么一说部分家长脑袋立刻就"大"了。其实，只要父母明白了沟通的必要性，并且坚持与孩子进行沟通，问题总会获得解决。

父母跟孩子沟通上出现问题，有时候确实是出于一些客观原因，主要责任不在父母身上。一方面，孩子年龄小，理解力和经验都有限，沟通起来确实费劲；另一方面，父母跟孩子的关系毕竟是最为亲密的关系，这对沟通来说既是有利条件也是不利条件——有时候孩子会有意无意地利用这种特殊关系给沟通设置障碍，拒绝沟通，让父母无所适从。不过，父母动用成年人的能力和智慧，总有办法绕过这些客观的沟通障碍，跟孩子达成有效的沟通。

有效沟通听起来很难，其实做起来很容易，唯一的诀窍就是父母不要给自己"使绊子"。

首先，不要忘记我们跟孩子沟通的初衷，那就是交流思想感情、引导孩子健康成长。部分家长常常把沟通变成单方面的观点表达和情绪宣泄，这会引起孩子主动或消极的对抗。比如，孩子考试没有考好，有的家长立即会说："叫你课前预习你就是不听，这下自食其果了吧！"请换位思考一下，如果你的上司在你没有做好工作时也这样指责你，你心里好受吗？我认为，为了改善跟孩子的沟通方式，父母需要把沟通效果放在首位。如果没有出现效果或出现负面效果，家长一定要调整、改进沟通方式。

其次，父母不要带着主观偏见去跟孩子沟通，这也会引起孩子的反感。举例来说，孩子参加完考试回家，情绪不高，有的家长会以质疑的口气问："又没有考好吧？！"这句话不仅含有主观猜测的成分，还有指责孩子经常考不好的言外之意，很容易伤到孩子的自尊心。我的经验是，父母最好先谈论事实，在摸清完孩子所经历的客观情况与主观感受之后，再给出自己的建议。比如家长可以这样问："今天考试的题目难吗？" 如果孩子回答："难，我有一道题没有做完。"家长可以这样说："你觉得难，别的同学也会觉得难，不必太在意。" 或许孩子不佳的情绪就被家长开导好了，进而愿意敞开心扉，向家长倾诉自己遇到的学习困难。

再次，父母不要只问自己关心的事情，应多找一些孩子关心的话题来谈。有些家长难得跟孩子坐下来聊一聊，开口闭口却都是自己感兴趣的问题，比如，最近学了什么？午饭吃了什么？作业做完了没有？诸如此类，孩子自然没有聊天的兴致了。父母不妨尝试把孩子当朋友那样对待，努力地去寻找双方都会感兴趣的话题。想想我们年少时与朋友相处，见面前总要思考哪些话题是对方喜欢的。作为父母，即使再忙，平常也应该多花一些时间去研究孩子的世界。

最后，仍是我们强调过多次的方法，即学会跟孩子相互尊重、相亲相爱，营造民主的家庭氛围，形成朋友型的亲子关系。父母跟孩子沟通时，要让孩子感受到爱和尊重。如果父母做到了这一点，跟孩子之间的沟通就不成问题。请家长们记住，相互尊重是沟通顺畅的起点。

❀ 父母与孩子沟通的十大戒律

归纳总结，我列出父母与孩子沟通的十大戒律，以便家长们记住，并时时提醒自己：

一、不要自以为是。

二、不要居高临下。

三、不要不计后果。

四、不要不讲诚信。

五、不要不懂装懂。

六、不要只说不听。

七、不要宣泄情绪。

八、不要戳孩子的痛处。

九、不要窥探孩子的隐私。

十、不要拿自己孩子跟别的孩子作比较。

❧ 用换位思考打破沟通僵局！

去年暑假，我的作文班开课的第一天，一位看上去颇有职业素养的妈妈拉着一个十二三岁的男生来报名，现场缴费时干脆利落。可是接下来，妈妈把孩子推进教室的"暴力"过程却让我看傻了眼。下午三个小时的课堂上，无论我怎样使出浑身解数，这位男同学始终对我不理不睬，一直处于一种对抗的情绪中。当晚，这位妈妈联系我的同事，说孩子死活不愿意再来参加作文培训，希望我们退还学费。考虑到她的特殊情况，我们当晚就为她办理了退费。

具有戏剧性的是，第二天下午，孩子的爸爸又领着孩子来到了我们培训中心，重新缴费了。在后面十天的课程里，这位男同学都高高兴兴地来上课。原来，第一天上午来之前，孩子已经补了一门课了，他本想下午去看场电影，不料妈妈又要他来上作文课，他怎么也接受不了。第二天早餐时间，妈妈向孩子耐心地解释了要他补课的种种原因，此时孩子才理解了妈妈的苦衷，终于愿意来上作文课了。

可见，家长们要意识到：家庭教育中的不少冲突其实都跟沟通不畅和家长没有及时换位思考有关。

✿ 家长也要"持证上岗"

有一种说法，称天下大多数家长没有接受过哪怕一天"如何做父母"的教育就上岗了，所以最需要补课的人是家长。

这种说法多少有些危言耸听，仿佛家长们一个个都是"不合法"或者"不合规"的。这是对教育的误解，说这种话的人也忘了"社会大学"和"身教重于言传"的道理。事实上，没有一位家长从未接受过家庭教育和社会教育——每一位家长都来自于一个甚至多个家庭，从幼儿时期受教，又在社会磨炼中成长为大人。

现实生活中，我们的父母、爷爷奶奶（外公外婆）就是教导我们如何做父母的启蒙老师。他们用自己的方式教育我们，这个过程短则十七八年，长则几十年。

社会也是家长们学习如何做父母的学校。东家长、西家短，其他家庭的悲剧、喜剧、正剧、闹剧、肥皂剧……我们耳闻目睹，每一出都是学习的案例。

尽管如此，对于"家长需要补课"这种说法，我是举双手赞成的。每位家长可能都吃过很多盐、走过很多路，绝大多数却并不是制盐专家或竞走选手。在教育孩子这条"专业"之路上，家长还有很长的路要走，还有很多东西要学。

家长培养孩子有一个从自发到自觉的过程。像我这样的六〇后囿于自身成长的大环境和父母的文化水平，基本上都是被"放养"的，靠自己摸索学习经验。如今，大多数家长已不再满足于"放养"孩子了，而是希望对孩子进行精心培育，这样才能让孩子跟上时代的步伐。

❧ 用换位思考化解一场亲子危机

越来越多的家长意识到，亲子关系比孩子的教育更加重要，因为良好的亲子关系是教育的基础，亲子关系的好坏直接或间接地影响孩子受教育的效果。

我们知道，教育的前提是教育者与被教育者之间的信任与尊重，家庭教育亦是如此。如果孩子对父母双方或其中一方缺乏信任与尊重，那么家庭教育就会全部或部分失效。有些家长一定会问，孩子为什么会对父母失去信任与尊重呢？其实道理很简单，原因就在于父母对孩子缺乏付诸爱、信任和尊重的正确方式。而爱、信任和尊重是建立良好亲子关系的基础。

那么父母如何把自己对孩子的爱、信任和尊重传递给孩子？这就需要父母与孩子建立有效的沟通途径。我常听到一些父母抱怨，他们那么爱孩子，就差把心掏出来给孩子看啦，可是孩子就是不买账。此类问题就出在不能有效沟通上，而换位思考正是父母与孩子建立有效沟通的必要条件。

换位思考，就是站在他人的立场上为他人着想，处理人际关系时要做到设身处地。换位思考也是人与人沟通时的一种心理体验过程，将心比心、设身处地、善解人意、感同身受，是人与人之间达成理解不可缺少的心理机制。它客观上要求我们不仅要有自己的立场，还要站在对方的立场上体验和思考问题，先与对方在情感上达成相互理解，再与对方进行沟通。

父母都是从孩童时代长大的，我们成年人在教育下一代时，应具备换位思考的意识，多回想自己在小的时候是如何渴望家长以何种方式对待自己的；当孩子出现某些不妥行为时，家长也必须换位思考，想想自己当年有没有发生过类似的事情，并把它作为经验分享给孩子。家长这样做，能够跟孩子在情感上产生共鸣，使孩子理解家长的苦口婆心。

说到这里，我想为大家讲一下我是如何运用换位思考来处理孩子的"早恋"问题，成功解决了一场因"早恋"而引发的亲子危机的。

六年前的一个晚上，我正在睡梦中，一阵急促的手机铃声把我吵醒。我刚接通电话，那头就传来了远在新西兰的妻子怒气冲冲的声音："我管不了啦，你来管吧。保罗谈恋爱啦！眼看还有三个月就要考大学了，我说他这种时候不能谈恋爱，他不但不听，还跟我急！"我压住被吵醒的烦躁，询问妻子具体是怎么回事，才知道保罗半年前回国探亲，在长沙到深圳的卧铺车厢里认识了一个女孩，现在两人正处于热恋之中。

我先安抚妻子，让她不要着急，对她说，儿子这个年纪谈恋爱并不奇怪，想想我们自己迈出恋爱上的第一步不也是在这个年龄段吗？保罗今年17岁，我自己的初恋就发生在17岁。跟妻子谈恋爱时也曾听她说过，高二那年她曾芳心浮动过。如果17岁还没有谈过恋爱，孩子甚至可能还会不好意思呢。看妻子的情绪稳定了，我说："好吧，叫保罗接电话。"

我先是把刚刚跟他妈妈说过的话重说一遍，告诉他爸爸妈妈年轻时类似的经历，这让我跟儿子明显拉近了距离。电话那头几句肯定式的反问"是吗？"让我知道，儿子已经没有对抗情绪了。这时我才问他："儿子，谈恋爱是你的权利，我和你妈无权干涉，但是你想过你的责任吗？"儿子赶忙说："爸爸你放心，这不会影响我的学习，我现在的成绩可以读新西兰的任何一所大学，而且在学习之余我还兼职做了一份工作。"

我家的一场亲子冲突，就这样被我的换位思考化解了。

六、共情力是决胜法门

从开始创业做中小学学生作文培训起，辅助家长改善家庭教育方式，就成了我的"课外作业"。

有一位妈妈跟我讲，儿子回家说他的语文老师教得不好，想换一个班。她一听，肺都要气炸了，训斥儿子：要学会谦虚，老师教得再不好也比你强，也有值得你学习的地方！结果可想而知，母子关系陷入了僵局。一学期下来，儿子的语文成绩下滑了十多分，妈妈看到成绩单，非常无奈。

从道理上讲，这位妈妈似乎并没有讲错什么。但为什么造成了一场亲子危机呢？这是因为家长与孩子沟通时缺少共情力。

✿ 什么是共情力

共情力，译自英语单词 empathy，指的是一种能设身处地体验他人境遇，从而达到感受并理解他人情感的能力。

美国著名心理学家卡尔·罗杰斯是人本主义心理学的代表人物，他认为"共情"是建立良好咨询与治疗关系的三个充分必要条件之一。

美国著名的未来学家、趋势专家丹尼尔·平克在其畅销书《全新思维》中开创性地指出，未来属于那些拥有与众不同思维的人，并把这样的思维能力概括为"三感三力" ——设计感、娱乐感、意义感、故事力、交响力、共情力。一个人只有具备这些思维能力，才有可能拥抱未来。

不过，共情力这个外来词，对于我们这些炎黄子孙来说也不算是个新概念。我们中华民族的文化中，早就有用"将心比心""设身处地"这样的成语来指导人们沟通的传统，这也是大家追求的一种沟通境界。可是在现实生活中，人们却往往把这些箴言良语抛到九霄云外去了。前文中的那位妈妈就是一个例子。

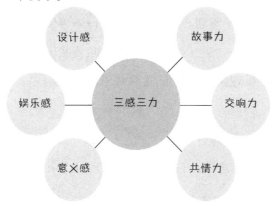

为什么会有那么多缺少共情力的父母呢？以"过来人"自居是造成这种状态主要的原因之一。"过来人"的资历本应该是帮助父母拥有共情力的基础，现在却变成了父母傲慢对待孩子的"本钱"。有的父母常常把自己几十年的人生经验用错了地方，他们的目的不是帮助孩子解决问题，而是满足自己的虚荣心，炫耀自己有多么了不起——"我走过的桥比你走的路还多""我吃过的盐比你吃过的饭还多"，诸如此类的话便是这种心态的表现。

如果父母在与孩子的沟通之中缺乏共情力，那么所谓的经历就不过是比孩子白活了几十岁而已。可是现实就是这么滑稽，不少家长自以为是，没有把孩子的成长放到第一位，而当孩子有了"另类"的思想或行为时，马上就习惯性地通过训斥孩子来表现自己不认可的态度或不满的情绪。

前文中训斥孩子的妈妈并非不重视孩子的学习。她为了让孩子去好学校的重点班，曾经四处求人，不仅折腾得身心疲惫，还受了不少委屈。哪曾想孩子不但不领情，还要求换班，所以她才发怒。如果从我们成年人的角度来看，妈妈的反应也是完全可以理解的。但是理解并不能解决问题。孩子仍然不愿意接受妈妈的训斥，也不愿意接受妈妈为他辛苦争取来的重点班学生资格。

家长们要注意啦，孩子在成年以前缺乏社会经验与人生阅历，我们是很难要求他们主动与父母共情的。因此，在主动与孩子共情这件事上，父母责无旁贷。当孩子在生活和学习中遇到困难时，共同的经历是父母与孩子共情的基础，但是父母要先进入孩子的思维轨道，跟孩子"先飞一阵儿"，再把孩子导入自己的思维轨道。只有这样，父母的说教才会发挥作用。

还是用前面那位妈妈的故事做例子。如何解决这个问题？我的解决方案分以下三个步骤：

第一步，妈妈听完儿子的话，有气也得先压着。她可以先向儿子表达理解："儿子，你的经历妈妈以前也经历过。妈妈读高中的时候，有一段时间也不喜欢英语老师的课。"

第二步，如果通过这番话，儿子产生了好奇，继而有了进一步沟通的欲望，也许会追问妈妈为什么不喜欢英语老师的课，同时讲出自己不喜欢语文老师的理由。

第三步，有了这段将心比心的"母子交流序曲"，儿子才会愿意听妈妈讲出不换班的理由。此时，妈妈再具体详述，未为晚矣。例如："我们可以选学校、选班级，但是无法选择每一科的老师。即使给你换一个班，你可能还是会遇上不喜欢的老师。老师也是人，人不可能是完美的。你们学生向老师学习，要学老师的长处。"

相信儿子听了妈妈这样的肺腑之言和合理的建议，不仅不会继续抵触，还有可能校正自己原来的想法哩。

共情力是父母打开孩子心扉的一把钥匙。

❧ 这样的"高情商"沟通，会毁掉孩子！

眼下家长们的学习热情催生出越来越多的家庭教育培训机构。这些机构良莠不齐，它们中的一部分把职场上的"庸俗成功学"移植到了家庭教育上来，误导了正常的家庭教育。

我多次提到过"庸俗成功学"这个词，那么它到底是怎么来的呢？过去 20 年里，情商至上论在职场上大行其道，而情商又被片面地扭曲为"让人舒服"和"讨人喜欢"的法门。在这种背景下，就出现了一种"庸俗成功学"的观点。拥有这种观点的人认为，职场人士不仅不要向上级和平级提意见，而且也不要对下级提意见，只有大家一团和气，才有战斗力；即使下级没有胜任工作的能力，上级也要对他们多加鼓励——

实在不行就让他们走人，反正公司多数职位的候选人都多到要排队呢。这看似是一种"高情商"的体现——谁也不伤害，谁也不得罪，然而实际上在这种职场环境中，没有人能真正进步与发展，也没有哪件事会得到高质高效的推进。

可怕的是，竟有人把这种所谓的"高情商"用来要求家长！

一种典型的观点就是，希望家长不要批评孩子的缺点和错误。即使孩子做错了事情，家长也要从中找出可以肯定的部分去鼓励孩子。

持有这些观点的人竟然忘记了，孩子的出错率与成人相比高出了数倍。如果家长不及时给孩子指出并纠正孩子的错误言行，那么什么后果都可能发生。

家庭不是职场，亲子关系更不是同事关系。孩子对于家长来说，永远没有替代品。

诚然，我国传统教育观念中，对孩子的批评偏多。但这不意味着，今天我们家长和老师对孩子的批评就要相对减少。改变应该体现于在批评孩子的时候，家长要克制自己的情绪，态度尽量做到温和。但是，绝不能让今天的家庭教育走向另一个极端——消解批评的功用。

❀ 要批评，而不是指责

家庭和学校培养孩子健全的心智理应包括教育孩子敢于接受批评，敢于面对指责。一个孩子在成长过程中，错误的言行举止时有发生，大多数情况下家长和老师并不需要指责孩子，而是要给他（她）指出来就好了。也有一些情况，比如孩子做错事后自己立即就有悔改之心，家长和老师连指出来这个过程都可以省略。

但是，如果孩子有这样一些行为，比如偷盗、有意损坏财物、让自己或他人处于险境、言语上攻击他人等。那么家长不仅要给孩子指出来，而且还要责备、呵斥孩子。这些行为一般都是法律和道德所禁止的，面对孩子如此严重的错误甚至濒临犯罪的行为，如果家长似是而非、轻描淡写，甚至文过饰非、为虎作伥，就会让孩子有错误的价值观与是非观，其结果一定是既害了孩子，又害了家庭。

生活中一些家长有"指责控"的倾向，这是要不得的。比如孩子不小心打碎了一个杯子，正胆战心惊的时候，妈妈劈头盖脸就是一阵埋怨加指责："一个杯子都拿不好，将来还能指望你什么。你做事就不能仔细一些吗？"对于诸如此类的小过失，孩子其实已经在自己埋怨自己了，家长大可不必落井下石。我要再一次提醒各位家长，只有孩子有严重的错误言行时，家长才能对孩子进行指责。

❧ 打骂孩子，后患无穷

据我所知，现在的家长在他们小时候没有挨过自己父母责打的，应该是少数，而他们当中没有打过自己孩子的，也应该是少数。不过，频繁打孩子的家长也并不多见。我和我哥哥小时候平均每两个月左右就会被罚跪、责打一次。我自己也打过孩子，但总共也只打过他们两三次。

我完全理解小时候父母为什么责打我、要我罚跪，原因大都是我闯了大祸，确实应该受罚。但我从来没有因为罚跪、挨打怨恨过父母。总之，我因犯下严重过失而被父母责打的经历，并没有给我留下什么负面影响。

站在家长的角度看打骂孩子这件事情，当家长被突如其来的意外刺激到，对孩子的过失或错误感到生气时，有一定的情绪流露或宣泄也是正常的。

不过，家长经常打骂孩子其害无穷。骂人是骂人者的一种心理宣泄，是对被骂者的羞辱和人身攻击；打人，也是打人者的一种心理宣泄，是对被打者身心健康的损害。家长打骂孩子，不仅不能让孩子明白家长的真实意图，反而还可能给孩子留下诸如低自尊、缺乏安全感、没有规则意识、胆小怕事、有暴力倾向等后遗症。

我建议家长打骂孩子要慎之又慎。遇到孩子闯大祸的时候，最好的办法是限制其自由，不让他们玩自己想玩的东西，不让他们吃自己爱吃的食物，闭门思过，直到他们对其所犯错误有了正确的认识为止。

第四章　孩子的学习力和自控力

一、你家孩子是"读书的料"吗？

在这次新冠疫情期间，家长不得不与孩子朝夕相处。在朝夕相处的过程中，如果家长们还不能看清自家孩子是不是"一块读书的料"，那么你这位家长算是白当了。

此话怎讲？

疫情导致孩子不得不在家上网课，家长不得不在家办公。人们困顿于家中，但父母反而难得有了跟孩子相互增进了解的机会——父母同时在家里陪伴孩子的时间延长了。由于户外活动受限制，孩子的生活、学习、娱乐等都集中在家里。孩子在家里学习，除了自习，还需要上网课，这跟在学校的教室里听老师讲课有根本上的区别，比如老师无法直接监管学生的纪律。家长有时间和条件观察自己孩子的自律性、学习兴趣和学习能力了，对孩子情况的了解也更加全面。

不少家长向我反映，第一次发现，原来自己以前对孩子了解得实在太少了。

☁ 无论天资高低，孩子都可以成为"读书的料"

孩子是不是"读书的料"，我们可以从先天因素和后天习惯两个方面来看。

我要强调的是，绝非只有天资高的孩子才是"读书的料"。孩子无论天资高低都适合读书。请家长们永远不要对天资平

111

平的孩子失去信心。大家都知道有个成语叫"笨鸟先飞"，这个成语来源于"元曲四大家"之首的关汉卿的杂剧《陈母教子》，第一折中写道："二哥，你得了官也。我和你有个比喻，我似那灵禽在后，你这等笨鸟先飞。"这便是成语"笨鸟先飞"的出处。该剧的故事梗概是这样的：

宋代女子冯氏有三个儿子——陈良资、陈良叟、陈良佐。冯氏训子读书甚严，盖了一座"状元堂"，令儿子们在其中苦读。朝廷开科取士，大儿子和二儿子先后中了头名状元。待三儿子赶考时，他也夸下海口，自以为必得头名，谁知状元另有其人，自己只中了第三名探花。冯氏痛责他，陈良佐羞愧之下，发愤攻读，再次应试，终于高中状元。

孩子天资无论高低，都有可能在读书学习的过程中取得成就。我想通过冯氏三子的这个故事告诉家长，只要孩子的学习动机被充分调动起来，孩子是可以保持甚至不断提升学习能力的，而在这个过程中，家长和老师的调教与帮助，是非常重要的。

☁ 培养"读书的料"也要因材施教

我还要强调的是，能不能把孩子培养成"读书的料"，主要看儿童期的习惯养成得怎么样。

注意力不集中是影响孩子学习效果的第一道门槛。天资聪明的孩子因为反应灵敏，注意力集中在一个方向的时间一般不长，喜欢走神。天资平平的孩子反倒可能注意力很集中，但理解力不够好，有时坐在那里也许只是在发呆。

一般来说，兴趣广泛并对其中一两项有钻研精神的孩子更适合读书。相反，那些只对感官娱乐感兴趣的孩子，则很难专注于学习。

懂得自律的孩子也可能贪玩，例如背着爸爸妈妈玩游戏，但他们学习与娱乐张弛有度，不会沉溺于影响学习的种种活动。一旦养成了学习自律的习惯，意味着孩子明白了读书与自己人生的关系，也就开始主动承担人生的责任了。

疫情期间，孩子们一天 24 小时都宅在家里，家长很容易看出来孩子的注意力是否集中、兴趣爱好的广度与深度、是否自律。

自律性强的孩子、兴趣广泛又有钻研精神的孩子是读书的"好料"。自律性不好的孩子、兴趣爱好偏向感官娱乐又缺乏耐心的孩子，则需要爸爸妈妈督促他们学习。

家长要做好榜样

我如此分析孩子们是不是读书的料，并不是为了扫家长们的兴，而是想为那些明显存在学习问题的孩子的爸爸妈妈出谋献策。

直截了当地说，如果家长发现自家孩子不是读书的好料，那么家长最需要做的事情应该是反思，然后改变自己。其实，每个孩子原本都可能是读书的料，如果孩子不爱读书学习，极有可能是因为学习习惯没有养好。

绝大多数情况下，童年时期的孩子学习习惯不好，首要责任在家长。

对于12周岁以前的儿童，父母就是他们的榜样。一般而言，家长的价值观、性格、经济条件和文化程度是影响孩子学习习惯养成的四大因素。在经济条件和文化程度已经能够满足孩子成长的起码要求的情况下，问题常常出在父母的价值观和性格方面。比如，有些父母过分追求生活享受，无形中可能会影响孩子，使其偏向于追逐感官娱乐，吃不了学习的苦。再比如，有的父母性格强势，希望掌控一切，孩子在父母的压力之下容易迷失人生的方向，自然也就会失去对学习的兴趣。有些家长注意到孩子学习习惯不好，就会禁不住打骂孩子，却没有好的方法帮助其改变，其结果也是可想而知。

学习能力的培养是关乎人生的大事，家长只要意识到了它的重要性，及时进行自我反思和行为修正，再帮助孩子养成好的学习习惯，就能把孩子培养成学习能力强的读书的好料子。在与孩子长期亲密相处的日子里，家长们如果发现孩子在学习方面的不良习惯，请检讨自己吧，通过改变自己，来为孩子树立一个好榜样，带领孩子一起走向更好的未来。

二、孩子成才的关键在其自身！

我们谈到影响孩子成长的因素时，一般会使用"三分法"，即将影响孩子成长的因素分为家庭、学校和社会这三部分。但我们也要明白，影响孩子成长的最重要的因素，是存在于孩子自身的个体因素。

我接下来要谈的话题，主要目的有两个，一是帮助家长们明白，孩子自身才是其成长的关键因素；二是从孩子个体因素出发，重新看待家庭、学校、社会在孩子成长中的作用。

个体因素才是关键！

影响孩子成长的因素可以分为内部因素和外部因素，内部因素就是孩子本人的个体因素，外部因素又分为家庭因素、学校因素和社会因素。外部因素对内部因素的影响可大可小，它取决于内部因素对外部因素的反应。换言之，外部因素要通过内部因素起作用。

与外部因素相比，内部因素不仅复杂，而且会随着孩子从一个成长阶段向另一个阶段发展而发生变化。内部因素的复杂性和在不同成长阶段变化的丰富性，会让家长们对影响孩子成长的因素产生误判。在这些形形色色的误判中，最值得家长警惕的是那些本末倒置的误区。我所说的本末倒置，就是把内部因素和外部因素的重要性搞颠倒了。

一些家长在童年、少年时期有过某个梦想，比如长大后做诗人、画家、音乐家等，但由于种种原因未能如愿。今天，他们把自己未能如愿的梦想寄托在孩子身上，刻意引导孩子写诗、画画、弹琴，竭尽所能地为孩子创造成才的条件。结果嘛，可想而知，这些孩子中，后来真成了诗人、画家、音乐家的，并不占多数。为什么呢？其实就是因为外因必须通过内因才能起作用。尽管家长有强烈的愿望并且为孩子提供了优越的条件，但没有孩子的配合（才能与意愿），家长的梦想仍然很难变成现实。

家长们明白了外部因素需要通过内部因素才能发挥作用的道理，就可以走出很多误区，重新规划孩子的教育路线。

孩子诞生到世上，其实并不是一张白纸，并不能让家庭、学校、社会在他们身上随意挥笔作画。每一个孩子都是一个独特的个体，既带着他们独特的遗传基因，同时他们的头脑也可能对外部条件做出独特的反应。这就是人类这种智慧生命的奥秘与价值。

◯ 追求成为他（她）自己

当然，想要把孩子培养成才，对家庭因素、学校因素和社会因素都要好好把握才行。尤其当孩子处于婴幼儿期、童年期，由于其身体、思维尚未成熟，社会经验缺乏，外部因素对孩子的影响较大，孩子个体发展的不确定性也较大。家长们要特别注重在这个时期对孩子施加影响，帮助孩子培养好习惯。

我认为，这个时期家长的主要职责有四条：

一是满足孩子基本的生理需求，也就是抚养责任；

二是教给孩子融入社会的礼仪规范，其中暗含着基本的价值观；

三是保护孩子免受侵犯，以及不侵犯别人；

四是唤醒孩子的灵魂，重中之重是让孩子对自己的人生负责任。

前三条多数家长都懂，我说说第四条。

家庭教育的最重要的任务并不是把父母的意愿强加给孩子，也不是放任孩子胡作非为而不管不问，而是唤醒孩子自己的灵魂，让他们尽早成为独特的自己。家长们怎么才能做到这一点？要努力发掘孩子的独特之处，并顺应孩子的合理需求。

所谓唤醒一个人的灵魂，实质上就是说让一个人去追求"成为他（她）自己"。在这个过程中，特别是最初，他（她）需要领悟：只有自己才能对自己的人生负责任。一个人的这种领悟过程，我把它称为源自内心的责任感。只有具备了这种责任感，他才会自觉地勤奋学习、努力奋斗，才会自发地把有利的环境因素转化为前行的力量，并且在人生道路上不断地化解那些不利条件，遇山开路，遇水架桥。

在家庭教育中，家长只有亲力亲为做好表率，自己成为一个负责任的人，才可能唤起孩子对责任感的觉悟。

最重要的是，家长所做的所有一切，都要等待孩子自身对此做出反应，而家长要耐心地予以引导和等待。

三、让孩子明白学习是为了自己

我们终于进入了家长最关心的问题，即：怎么培养孩子的学习力和自控力。

在为家长提供培养孩子的方式和方法之前，我不得不稍微跑一下题，请家长们去问孩子一个问题。

这个问题是：你知道自己在为谁而学吗？

学生为谁而学？这听起来像一个荒唐的问题。大多数家长肯定会斩钉截铁地说："这个用得着问吗，孩子当然是为他们自己而学。"

现实生活才是荒唐的，真向孩子提问的时候，你会发现这个不成问题的问题竟然有种种答案：

"为国家学习。"

"为父母学习。"

"为老师学习。"

"不知道为谁学习。"

面对为谁而学的问题，不少孩子有一种错觉——他们以为自己是在为父母或老师学习。他们之所以有这样的错觉，并不是因为有孝心或者感恩之心，而是父母错位的责任心和行为带给孩子这样的感受。

孩子从小没有养成自觉学习的习惯，也不明白学习的目的，等到了青春期，常常会出现学习动力不足的问题。对于青春期的孩子，家长需要激发源自他们内在的责任心，那才是一个人终生学习的"永动机"。让孩子尽早明白，他们学习是为了自己，这是天下父母的重任。

☁ 天下父母的重任

孩子误以为学习是别人的事，主要体现为一种责任心的错位。造成这种错位的源头，可以追溯到父母对孩子的养育方式上去。

婴儿来到人世间，除了会哭、笑、吃奶，绝大多数事情都不能自理，他们需要父母的照顾。不少父母在照顾婴儿的过程中，一不小心就产生了责任心的错位，进而付之于行动。比如孩子明明学会了走路，父母还是喜欢抱着他们上街。孩子明明学会了吃饭，只是偶尔会把饭菜撒在桌子上，父母却还是喜欢给孩子喂饭。父母这类"越位"的行为，都会有意无意地给孩子造成一种错觉，即他们的一些事情都是父母要做的，而不是他们自己必须学会去做的。等孩子到了上学的年龄，孩子的玩耍之心并没有收住，这本来是正常现象。可是父母很着急，生怕孩子输在起跑线上，便不停地要求孩子看书、写字、做题、背单词。孩子们能不误以为学习是为了父母吗？

那么，家长该如何转变孩子的这种思维，为孩子的责任心"正位"呢？根据我本人教育孩子的经验，方法有两个，一是家长转变观念，二是让孩子从小开始做自己力所能及的事情。

我们分析过，孩子出现问题，并不是所有责任都在家长。但是，父母毫无疑问是对孩子成长影响最大的人。父母的价值观和行为习惯，对于成年前的孩子，特别是在孩子14周岁以前，其影响是极为重要的。一旦发觉自己的价值观和某些言行举止已经不适应教导孩子成长，家长也就到了学习新观念、转变旧观念，与时俱进的时候了。

我多次强调，孩子是一个独立的人，与父母具有平等的人格，只是在其成年之前，孩子还不能独立承担生活的责任。但这绝不是他们不做自己力所能及的事情的借口。家长想让孩子尽早拥有责任感，就要让孩子从小做他们该做并且能做的事情。

何谓该做？有两个简单的衡量标准：一是相关性，即看这件事情跟孩子本身有没有关系；另一个是未来性，即将来孩子是否需要做这件事情。比如说吃完饭洗碗，孩子吃了饭用了碗，洗碗这件事与孩子吃饭有关联，这体现了相关性。吃饭这件事将发生于孩子未来的每一天，他（她）独立生活后也许每天都要自己洗碗，这体现了洗碗这件事的未来性。综合评估，洗碗这件事就是孩子到了一定年龄之后应该会做的事情，那么父母也就应该尽早培养孩子学会洗碗，并与家人分担洗碗这项家务活动。只是当他们幼小时，限于能力，可以比父母少洗一些。

当然，家长引导孩子懂得"学习是为了自己"，还需要结合家庭场景去进行。主要体现在除了"言传"，还要强调"身教"上。家长是孩子的榜样，做比说更重要，家长在自身行事时能够明确和端正责任心，就可以在潜移默化之中影响到孩子。这些都是我们家长教育、培养孩子的要领。

一生之计在于学

在纠正孩子关于学习的观念，让他们知道自己为谁而学之后，我们又面临另一个问题，即：孩子为什么要学？

关于这个问题，我想起一连串的历史故事和古训，与家长朋友们分享。

春秋时期的政治家管仲曾任齐国丞相 40 多年，帮助齐桓公在经济、政治、军事等方面进行改革，使齐国成为"春秋五霸"之首。《管子·权修·第三》中记载着他的话："一年之计，莫如树谷；十年之计，莫如树木；终身之计，莫如树人。"

是啊，"十年树木，百年树人"。我相信每一位家长都会重视孩子的培养。

初唐诗人宋之问的后裔宋庭芬膝下的五个女儿，个个机敏聪慧，文采飞扬。长女宋若莘著有《女论语》，次女宋若昭为姐姐的书做了注释，书中有"一年之计，唯在于春。一日之计，唯在于寅"，就化自南朝梁萧绎所说"一年之计在于春，一日之计在于晨"。明代无名氏编写的《白兔记·牧牛》中也有"一年之计在于春，一生之计在于勤，一日之计在于寅。春若不耕，秋无所望；寅若不起，日无所办；少若不勤，老无所归"。

"一生之计在于勤"，也对，也不对。对的是人一生中都要勤奋，不对的是还要看此人用一生勤奋地做什么。人要有所成就，勤奋是必不可少的，但是只有勤奋又远远不够。所谓不够，就是说如果一味埋头苦干，而不停下来思考为什么而干的问题，就会陷入迷惘当中，陷入人生的虚无主义当中。

我认为，应该说"一生之计在于学"。无论孩子将来从事什么职业，都要意识到学习是伴随终生的行为，即使离开校园，也必须保持学习的习惯，维护学习的能力。

学习能力是一个人立足于世的核心。勤奋只有跟学习结合起来，才具有无穷的潜力。勤奋解决的是"专业"问题，学习解决的是保持"适应力"和"创新力"的问题。

所谓"一万小时定律"，就是说一个人要想在某个行当或领域成为专业人士，至少需要持续一万小时的反复练习。必须付出足够多的努力，才可能取得一定的成就。比别人付出更多，并不一定能够超过别人，但方向必须保持正确。假设一群人为之努力的职业方向属于"夕阳产业"，发展无望，那么其中的有识之士一定会从这个无望的方向上扭转头，跳出来，去寻找"朝阳产业"。走了很长的路之后掉头重新寻找方向，必然会经过一段茫然无措的时期，但与人生更长久的发展相比，这却是必须付出的代价。

我认同一种说法，即衡量一个人的能力时，标准无论有多么复杂，其中的一项却是最特殊也最稳定的，那就是学习能力。一个人的学习能力是其他一切能力的基础，而保持勤奋学习的态度，学习就终会变成一个人生存的本能。学习帮助我们适应社会和时代的不断变化，创新并引领某个行业，让我们始终葆有心灵的青春。

"授人以鱼，不如授人以渔"，让孩子在那么多的才艺班之间盲目奔走、不断选择，不如培养孩子的学习能力，使其在确定自己学习的兴趣所在之后，能够自觉、主动地上手去学，这样的学习更加持久，也更能学出成绩来。

四、持久学习的动机是什么？

人一生都要持续不断地学习，而在孩童阶段，学习更是占据生活的大半。学习促使孩子不断地成长、前进，而其动力来自哪里呢？这需要孩子明白自己学习的动机是什么，即为什么学习。

☁ 诱因和内驱力，哪个"马力"更强健？

心理学家这样描述学习动机——推动一个人学习的直接原因和内部动力。学习动机支配着学习者的学习行为，它的强弱能够说明学习者是否想要学习、乐意学什么以及学习的努力程度。心理学家还特别指出，所谓"动机"一般由内驱力和诱因两个方面的基本因素构成。内驱力是指有机体因为自身的需要而产生的一种内部推动力；诱因是指有机体外部可以满足其需要的物质、情境或活动。我从我儿子的成长经历来看，小孩子起初的学习动机是内部、外部兼有的。

一般来说，激励孩子产生学习动机、保持学习动力，会经历三个阶段：奖励阶段、兴趣爱好阶段和责任感阶段。

3—5岁的学龄前幼儿，学习更多是从本能出发，动机主要来自各种物质的、精神的奖励；5—11岁的儿童会萌生学习的自觉和自主性，开始把学习动机转移到兴趣爱好上面。对于孩子来说，奖励是一种外部诱因，不能保证其具有可持续性；兴趣爱好是一种内驱力，可能比奖励要长久，但是一个人的兴趣爱好也可能会情随事迁，发生改变。在进入学校系统学习知识的阶段，学习动机的主动性与被动性间的制衡就日益突出了。

一个小学五年级学生告诉我："我爸爸说如果这次期末考试我考到前三名，就奖励我去香港迪士尼乐园玩。"在我看来，这样的奖励制度并没有什么不妥，但家长需要明白，一方面，这些外部的刺激会随着次数的增多和孩子成长过程中见识的增长而削弱效果，一旦被满足，孩子的学习动机便会减弱。另一方面，有些孩子为了达到目标、得到奖励，往往会选择挑战性低的任务；还有些孩子太过于看重结果和奖励，一旦失败，就丧失学习动机，并一蹶不振。

孩子上小学以后，他们的学习动机更多地受兴趣爱好的牵引。

当然，兴趣爱好对孩子学习动机的影响，在他们上小学以前已经表现出来了。

爱因斯坦曾经说过："兴趣是最好的老师。"就是说一个人一旦对某个事物产生了浓厚的兴趣，就会主动去求知、探索、实践，并在求知、探索、实践中得到愉快的体验。不过，一个人一生可能会对很多事情产生兴趣。以我本人为例，在 22 岁参加工作之前，我至少对绘画、文学、手工、体育、地理、天文、医学、数学、物理、化学、书法、篆刻、哲学、历史等如此之多的领域有过浓厚兴趣。现在回头去看，除了写诗成为我的终生兴趣外，其他的兴趣爱好延续的最长时间也没有超过 3 年。

所以说，一个人的兴趣爱好是多变的，孩子完全靠兴趣爱好去学习，不仅持久不了，而且还容易产生偏科现象，很难支持孩子们完成 16 年（小学 6 年、中学 6 年、大学 4 年）的学业"马拉松"。

○ 责任感是最持久的学习动机

以我的人生经验，一个人最持久的学习动机来自其自我意识中的责任感。责任感是一个人自我意识苏醒的表现，是他自觉、主动地做好每一件事的精神状态。

当孩子某天意识到他们每天的学习其实是为了自己，他们就找到了永恒的学习动机。至于好奇心、别人羡慕的目光、老师同学家长的夸赞、爸爸妈妈的物质奖励、个人的兴趣爱好，这些曾经的学习动机在孩子的心中统统靠边站了，责任感会被放在中心位置。

一个对自己负责任的孩子在其学习状态下就像完全变了一个人——有兴趣的他们会学，没有兴趣，但是有需要的他们也会学；别人羡慕的他们可以学，也可以不学，主要视自己和社会的需要而定；有奖励的他们可以学也可以不学，也视自己和社会的需要而定。

真正快乐的人生，一定是为自己而活的人生。真正快乐的学习，一定是为自己而进行的学习。俄罗斯大文豪列夫·托尔斯泰曾说："一个人若是没有热情，他将一事无成，而热情的基点正是责任心。"他还说："有无责任心，将决定生活、家庭、工作、学习的成功和失败。这在人与人的关系中也无所不及。"

家长、老师的使命就是把孩子的学习动机从外在的夸赞与奖励、内在的兴趣和爱好，转移到他们自我意识到的责任感之中。

培养孩子的责任感

如何培养孩子的责任感？我的经验归纳起来只有三点：

第一，孩子的责任感不能通过说教去培养。成年人对孩子说"你做事情要负责任"时，孩子通常会把负责任的对象理解为别人，而不是自己；而当成年人鼓励孩子"活出你自己"的时候，孩子又有可能把"为自己而活"理解为不必对他人负责，甚至是可以任性而为。语言会造成理解的偏差，因此，家长应该学会以身作则，用身教去告诉孩子什么是责任感，在日常生活的具体事例之中影响孩子。

第二，让孩子从小就做一些力所能及的事情。然而现实中，父母往往觉得现在的孩子学习太辛苦，一心想着给孩子做好服务，除了学习读书、吃饭睡觉、锻炼身体之外，什么都舍不得让孩子做。其实，这样对待孩子容易形成溺爱，反而是在害孩子。让孩子从小就学着做一些他们力所能及的事情，是我们培养孩子责任感的必由之路，也是培养孩子主动学习动机的基础。

第三，培养责任感要从小做起。孩子12岁以前，家长就可以有意识地培养孩子的责任感了，主要指让他们学会对自己的行为结果负责。我一直在使用"培养"一词，是因为责任感并非在一朝一夕内就能形成的。家长要明白，培养孩子的责任感，是一个持之以恒的过程；要时时刻刻鼓励孩子去做自己想做但不敢做的事情；当孩子没有做好事情时，要鼓励他们继续尝试；当已尽力而事情的结果仍不如人愿时，要教会孩子坦然面对。在这个漫长的过程中，需要家长始终明确意识，主动走在孩子的前面，为他们引路、导航。

培养孩子的责任感，从另一个角度讲，也是在告诉他们，对于自己所做的事，如果因没有尽力或方向错误，抑或态度有偏差，而造成不好的后果，要学会面对和承担。比如学习不努力，就要承担成绩不好的结果；玩电子游戏太多，就要承担成绩下降和视力变差的结果。孩子有了责任感，才会在兴趣爱好之外逐步拥有强劲的学习动机。

只要我们家长懂得以上三大原则，就能使孩子拥有责任感，拥有为自己行为结果负责的能力。

五、自学能力是学习能力的核心

家长们或多或少都有这样的体会，孩子读了不少书，学习了不少范文，结果还是不会写作文。孩子学习了，但是没有学会，这跟学习能力有关。

从信息论、系统论、控制论的角度，我们可以这样描述人的学习过程：一个原本不具备处理能力的人通过获取有用的外界信息，将其加工为一套知识体系，并运用这套体系应对生活或工作。

我们可以从这个描述中提取出学习过程的三大特征：一、有目的的信息获取；二、加工处理信息为自己的知识体系；三、应对生活或工作。

以上三大特征向我们昭示学习能力的核心，那就是学习动机、自学能力、思考能力和应用能力。

这里我要特别强调学习能力的核心是自学能力。有目的的信息获取需要一个人的学习动机与自学能力做支撑。

然而我们当下的教育误区是，在一个人的成长过程中，无论是学校还是家庭，都是以教为主的。这个过程误导了很多人，从孩童时期直至成年，他们一直以为学习就是在学校上课和参加辅导班，由别人传授知识。如果说造成人与人之间能力差异的是两条"沟"，第一条"沟"是先天遗传，那么第二条"沟"就是关于教育的误解。经验告诉我们，谁更早拥有基本的自学能力，谁就能更早开始独立自主的人生。简单举例，写作文是一种能力，孩子即使参加了作文训练课程，如果不能把相关的知识转化成个人的能力，那也写不好作文。

○ 学会独立自主地学习

学习动机分为内在的和外在的，前者如责任感、兴趣爱好、好奇心，后者如经济利益。我想强调的是好奇心对于提升学习能力的帮助。好奇心是自学能力的重要内驱力，可以通过后天培养而获得。我教中小学生写作文，请他们带笔、本和《新华字典》，要求他们遇到不会写的字立刻查字典，目的就是培养他们的好奇心和自学能力。不少孩子遇到不会写的字总是习惯问同学或老师，以为这样省事，其实这是浪费时间。一个人遇到不会写的字时，如果查一下字典，就能从读音、笔画、偏旁部首等多角度认识一个生字了，同时还有机会注意到一些相近的字。比较一下，被动接受和主动寻找，即使是在学习一个简单的生字上，都有着天壤之别。

当一个人把自学能力发挥到极致时，自学能力就会变成创造力。创造力是一种特殊本领，它能够产生新思想、发现新规律、创造新事物。一些教育学家认为，一个人是否具有创造力，是衡量他（她）是不是人才的重要标志。

自学，既是习惯也是能力

北京大学建校史上最受尊敬的校长、著名教育家蔡元培先生，就特别提倡自主学习。他在《对于学生的希望一文》中写道："在学校不能单靠教科书和教习，讲堂功课固然要紧；自动自习，随时注意自己发现求学的门径和学问的兴趣，更为要紧。"[1]自学能力是决定孩子未来的最重要的能力。

梁漱溟先生只有中学文凭，却自学成才，成为中国最著名哲学家、教育家之一。他 24 岁就被蔡元培邀请到北京大学讲授印度哲学，其身后更是有"中国最后一位大儒家"之美誉。他在《我的自学小史》一书中曾说："所谓自学，应当就是一个人整个生命的向上自强，最要紧的是在生活中有自觉。"[2]人与人之间的差距的形成，很大程度上是由他们不同水平的自学能力拉开的。现在是一个信息和知识爆炸的时代，知识日新月异，一个自学能力不强的人注定会被时代抛弃。

自学能力有一部分是天生的，一部分是从小养成的。自学能力既是一种能力，也是一种习惯。孩子最需要培养的学习习惯应该就是自学习惯。

家长想要培养自学能力，可采用以下办法：先培养孩子自学的习惯（数量），再考虑如何提高孩子自学的能力（质量）。家长可以借助外力，也可以顺着孩子的内在需求去培

---

1. 蔡元培：《中国人的修养》，教育出版社 2018 年版。
2. 转引自重庆社会科学院哲学研究所编：《文化与人生——梁漱溟先生诞辰一百一十周年纪念文集》，重庆出版社 2004 年版。

养孩子自学的动力。所谓外力，就是家长要求、物质奖励、精神鼓励之类。所谓内在需求，就是孩子的兴趣、爱好、梦想、责任感等。孩子小的时候，外力起到主要作用。随着孩子渐渐长大，孩子的内在需求作用更大，这个时候，家长顺应孩子需求去培养才会取得更好的效果。

对于那些已经养成好的学习习惯的孩子来说学习效率至关重要。即使从纯粹的功利角度来看，思维轮换和劳逸结合也必须是家长和孩子考虑的最佳组合选项。在一个学期里从周一到周四，一个孩子每天课后用于学习的时间少则两三个小时，多则五六个小时，到了周末（周五到周日）自学的时间最多可达到 12 小时左右。在连续长时间的学习过程中学生掌握思维轮换的方法是提高学习效率的一大技巧。所谓思维轮换，从学习内容的角度说，包含两个方面的技巧：一是合理安排不同科目的学习；二是同一科目的学习合理安排不同难度的内容。

人的大脑功能是分区的，左右半球具有不同功能，左半球主要承担逻辑思维类型的工作，右半球主要承担形象思维类型的工作。孩子们在自学数学、物理、化学、生物、语文、英语、历史、地理、政治等科目时，如果连续学习某个科目两小时以上，那么学习效率会下降。合理的安排是，孩子学习数学一小时，更换学习语文或英语一小时。孩子课后做数学作业，如果有几道题难度较高，那么合理的安排是，做一道较难的和几道难度一般的题。这样有张有弛，才能保持较高的学习效率。

〇 自学的极致是无穷创造力

初高中学生的学习成绩是不是真的很好，可以从他有没有创造力这件事情上看出来。对于多数十几岁的学生来说，老师们不能要求他们产生系统的新思想，也不能要求他们发现什么新规律或者创造什么新事物。那该如何鉴别孩子是否有创造力呢？方法有两个：一是看学生"举一反三"的能力，二是看学生解决问题能不能"另辟蹊径"。举一反三的能力对应着模仿能力与创新能力，另辟蹊径则反映了局部创新的能力。

在复杂而高深的学习内容面前，"师父领进门，修行在个人"。初中、高中阶段学生要想取得一定的好成绩，只有一条路，即掌握自主学习的要领。学习能力的高级阶段，是从环境回归至学习的主体——学生本人。

如果说小学生的学习方式主要是"依葫芦画瓢"，那么初中生的学习就像他们的青春期一样，是在寻找自我。学习能力上"自我"的表现，就是自主学习。自主学习是一个人学习能力的核心。在互联网时代，只有终生学习才不会落伍，而一个人只有先获得自学能力，才能做到终生学习。

☁ 思考能力把知识转化成自己的

思考能力是学习能力的核心，它也是一个人加工处理信息的支撑。一般而言，自学能力不强的人思考能力也不强，因为自学习惯可以提升一个人的思考能力。当然，思考能力有较大的独立性，思考的广度和深度都需要专门的训练。值得注意的是，今天不少孩子的学习过程是缺乏思考的被动接受过程。久而久之，他们的思考能力会退化，这样暂时学到的知识还是别人的知识，不能转化为自己的。

为此，我介绍一个训练思考能力的初级方法，就是用自己的话概括、转述别人的观点。这个方法能让我们把别人的东西变成自己的。在欧洲一些国家及美国、日本，高中、大学里的文科教学都有一个习惯做法，即频繁地让学生写"读后感"，这其实就是在帮学生增长知识的同时，训练他们的思考能力。

☁ 知识要应用于生活

应用能力是应对生活或工作的核心能力。我要强调的是，应用能力既是生活或工作的一部分，也是学习过程的一部分。学习固然可以把学习本身当作目的，但绝大多数时候，学习的目的无疑还是生活或工作。只有经常尝到应用的甜头，一个人才会把学习潜能激发出来。

我儿子3岁开始学习数字加减法，上街看见汽车牌照，只要流畅地读出来他就很快乐；5 岁学习乘、除法，去餐馆吃饭喜欢算账，埋单后，账对上了就一阵欢呼，第二天便有了更大的学习兴趣。

我想通过这个简单的小例子讲明一个道理：好的应用能够让人产生学习的成就感和满足感，它会反过来促进学习动机、自学能力和思考能力的发展。对于小学阶段的孩子来说，老师主要是传授知识，应用能力则主要靠家长来培养。

六、聪明的孩子，把自学发挥到极致！

2020 年 2 月，突如其来的新冠肺炎疫情让中小学校"门前冷落鞍马稀"。非常时期，全国中小学生全体在家上网课。在本该去学校上学的日子，孩子们宅在家里自习，他们的自学能力直接影响着学习效果。现在我谈自学能力，既是"应景"，也关乎孩子们的人生。

那么，家长们肯定很想知道如何帮孩子提升自学能力。以我本人的经验，自学方法论的要领有三个：第一个是时间管理；第二个是用复述提升理解力；第三个是思维轮换与劳逸结合。

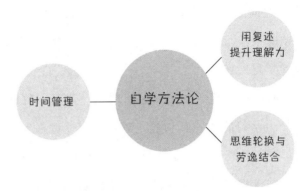

⌒ 时间管理其实很简单

孩子的学习效率高不高，其实跟我们成年人的工作效率高不高十分类似。家长们都知道，要想做好一件重要的事情，制订工作计划，并强有力地执行，是成功的两大关键。孩子想要提升自学能力的方法，重点是要学会制订自学计划，时间长度包括一天的、一周的、一个月的、一个学期（或假期）的、一年的、两年的等等。当然，想要把一份时间跨度较长的计划制订得切实可行，需要计划制订者具备较高的管理水平和执行能力。家长和孩子可以循序渐进，刚开始学习制订自学计划时，先学着做一天和一周的计划；等经验多了，再制订一个月、一个学期或假期、一年或两三年的计划。

计划是为了执行，孩子制订好了自学计划，家长要鼓励、监督孩子去执行。刚开始，计划的准确度可能不高，常见情况是计划自学的内容偏多了，这是正常的。家长可以跟孩子一起分析计划完不成的原因，有什么改进的方法，逐步提高计划的准确性。据我所知，不少学霸每天以 10 分钟为单位安排自己学习的计划。

用自己的语言复述学习内容

一个人的学习效果常常取决于他的注意力、记忆力和理解力。我注意到，学习成绩较差的孩子，多数在注意力和记忆力上存在一定问题；成绩一般的孩子，多数在记忆力和理解力上存在一定问题；成绩较好的孩子，多数在理解力方面还有提升空间。

我这里重点谈理解力问题。理解力是影响孩子学习效果的重要因素，它是多种能力，诸如直觉力、洞察力、分析力、演绎力、联想力、类比力、概括力、想象力等的综合。从我的亲身体会出发，我衷心地向各位家长建议培养孩子的概括能力，具体做法是教孩子用自己的语言复述学习内容。

1977 年，我上初二，但已经开始自学高中年级课程。我所使用的一种方法非常有效，就是每学完一段新内容，我就合上书本、闭上眼睛，想想刚刚学了什么，然后用自己的话轻声地说一遍。这个方法不仅大大提升了我的理解力，而且提高了我的记忆力。从那时起，我就习惯于理解式记忆，再也不死记硬背了。

☁ 劳逸结合和思维轮换

如果用一个公式来表示学习效果，那么可以简单表述如下：

学习效果 = 学习时间 × 学习效率

有一些同学尽管努力学习，却未能理解这个公式，误以为学习效果只是由学习时间决定的。其实，从人的生理规律来看，我们的注意力集中一次最长也就是 50 分钟左右。

所以，把一整天时间都用来学习，也未必能取得最佳效果。也就是说，在学习过程中，每隔一定的时间，就要稍事休息，这样才能保证学习效率。当然，大家都知道，一个人每天需要 8 个小时左右的睡眠时间，来恢复体力和脑力。即使寒假、暑假期间，孩子在家里一天能够有效用于学习的时间也只有 12 小时左右。因为饮食、卫生、运动、家务等活动会占用大约 4 个小时，如果再算上孩子必要的娱乐和交际，孩子每天有效用于学习的时间为 8~10 个小时。

劳逸结合是最好的思维轮换方式。"劳"就是学习；做用脑较少的事情，就是"逸"。必要的睡眠、必要的运动、一定的家务或体力劳动、与亲朋好友的愉快交际，这些都是很好的"逸"。劳逸结合，可以帮助孩子们的大脑得到放松，保证学习效率。在中学时代，对一些难度大的数理化题目，我常常是在跑步或洗碗时想到解题方法的。

另外，我提倡小学生静心自习，也就是让他们自己阅读和自己完成作业，但不提倡自主学习。小学阶段的语文、数学，都是基础的基础，需要小学生完全掌握。考试中，百分制的试卷90分才是及格线。如果没有老师的讲解、引导，多数小学生通过自学只能理解个八九成。但是对于初中及以上年级的学生来说，培养自学能力特别重要，自主学习实为这个阶段的必修课。现在，社会上出现了开在寒暑假期间的衔接班，提前教学生学习下学期的课程，看似有理，实际上既损害了学生的自主学习能力，又使学生在后续学习中容易麻痹大意，实属弊大于利。

家长们必须明白，自学能力的强与弱直接决定孩子的成长和未来。这次疫情迫使孩子们宅在家里，是培养孩子自学能力的良机。

七、学会自律的孩子成才率高

最近，我常常思考一个问题：一个人成才与否，有哪些关键要素呢？天分、勤奋、性格、自律、价值观？够了吗？也许够，也许不够。但毫无疑问的是，一个优秀的人一定是一个自律的人。今天，我重点谈谈家长如何培养孩子从小就学会自律。

◯ "软糖实验"与"延迟满足"

1960 年，美国斯坦福大学的心理学家瓦特·米歇尔策划了一项心理学实验。这项实验的内容是，实验员将斯坦福大学幼儿园一群 4 岁左右的孩子带到一间独立的、带单面镜的房间，然后给他们每人一颗看起来很好吃的软糖，并告诉孩子们，如果他们马上吃掉软糖，那么一个人只能吃一颗。如果他们等到 15 分钟后再吃，那么将会得到另一颗软糖的奖励，也就是一个人可以吃两颗。

实验人员把每个孩子留在一间带单面镜的独立房间，然后到隔壁观察他们的行为。实验人员发现，有些孩子急不可待，一两分钟内就把那颗软糖吃掉了。有些孩子则不然，他们为了多吃一颗软糖，耐住性子，通过种种办法分散自己对软糖的注意力：要么闭上眼睛不看软糖，要么头枕双臂，要么自言自语。结果，这些孩子吃到了两颗软糖。

米歇尔团队在当天的实验之后，还对那群小朋友进行了长达 14 年的追踪研究，直到他们 18 岁高中毕业。结果显示那些能够等待 15 分钟，最后吃到两颗软糖的孩子，在青少年时期仍然能够等待机遇而不急于求成。他们具有一种为了更加远大的目标暂时牺牲眼前利益的自控能力。而那些因急不可待而只吃一颗软糖的孩子，在青少年时期则表现出急躁、固执、虚荣的个性，当欲望产生之后便无法控制自己，一定要马上满足，否则就静不下心来做后面的事情。另一个惊人的发现是，能够等待的孩子在英文、数学的学习成绩上，比不能等待的孩子平均高出 20 分。

米歇尔所领导的这个软糖实验，验证的是心理学上延迟满足现象。所谓延迟满足，指一个人甘愿为了某种更有价值的长远目标放弃及时行乐。在这个过程中，他（她）需要不断地抵御外界的诱惑，克制内心的欲望。一个人在婴幼儿和童年时期，能否做到对自我欲望的延迟满足，是衡量他们长大以后能否在一定领域取得成就的重要指标之一。这就是 60 年前米歇尔软糖实验揭示的道理。

能够做到延迟满足的孩子，其背后是他们较好的自控能力和自律性。美国第 26 任总统老罗斯福有一段发人深省的话："把一个人与他人区别开来的品质之一——也致使一个人实现理想而使另外一些人陷入平庸之谜团的关键——不是天赋，不是教育背景，也不是智商。它是一种自律能力。有了这种能力，就没有什么事情是不可能的。没有它，即使是最简单的目标，看上去也可能像白日做梦。"

现在家长们最关心的就是孩子的学习。多数家长可能懂得养成好的学习习惯是孩子学习好的重要前提。但是，我不知道有多少家长懂得，在孩子好的学习习惯背后，其实是自律。那些学习不好的学生，每天放学后只想玩而不想做作业；

那些学习中等的学生，每天放学后一边玩一边做作业；那些学习优等的学生，每天放学后先做作业然后再玩。孩子们每一天都面临学习和玩耍的两难选择，这是对他们能否接受延迟满足的检验，即对他们的自控力、自律性的考验。

◯ 三个步骤，培养孩子学会自律

我们每个人既是自然的人，也是社会的人。作为自然的人，我们每个人都有自己的天性和个性。作为社会的人，我们每个人都要受到社会规范的约束。孩子在成长过程中，如何既保持住自己的个性，又遵守社会规范，最后实现人生价值？自律就是那根"撬动地球的杠杆"。或许可以说，每个成才的人都是始于天性，成于自律的。因此，家长要把握时机，在孩子成长的三个关键时期里，有步骤有规划地帮他们学会自律。

第一步，也就是婴幼儿时期，父母不要轻易满足孩子的不合理要求，而要训练孩子接受延迟满足，让孩子尝到等待的甜头。

据有经验的妈妈介绍，孩子1岁时，可以训练他们等待1分钟，比如孩子饿了要喝牛奶，妈妈可以说："现在就冲奶，但需要等一会儿再喝。"孩子两三岁时，可以训练他们等待三五分钟。比如正在吃饭时，孩子就想玩玩具，妈妈可以说："先把饭吃完，才可以玩玩具。"孩子4岁以后，可以训练他们等待 15 分钟。在孩子等待的过程中，家长需要教会孩子如何在诱惑与欲望面前分散自己的注意力，同时也让孩子享受到等待之后的奖励。

第二步，在孩子的童年期，通过教会孩子整理房间和做家务，训练他们的忍耐力或毅力。

自律的对立面是任性，家长要把孩子从任性的泥淖中逐步解救出来，基本的办法就是让孩子做一些力所能及的体力劳动，比如整理自己的房间，做像洗碗、拖地之类简单的家务活。因为要做完并做好这些家务需要一定的时间，比较适合用来训练孩子的忍耐力。忍耐力或毅力有助于锻炼一个人的自律能力。

第三步，在孩子的青春期，家长要把握住孩子独立意识高涨的有利时机，尽早唤醒孩子源自内心的责任感。

孩子有了为自己的人生负责的意识，学习动机将会大为加强，同时将从根本上提高他们的自律性。在这个阶段，父母首先要做到尊重孩子，不侵犯孩子的私人空间，在更大范围内让孩子管理自己的生活。有的家长为了培养孩子的独立生活能力从初中开始让孩子住校，这不失为是一种让孩子更加自律的方法。周末孩子回家，父母可以特别关注孩子的自律情况。比如，他们有没有在周四就把生活费花光了，到了周五只能吃咸菜下饭。如果有，父母需要跟孩子一起想办法，避免类似情况再次发生。

除了这三个步骤，还有一点是贯穿始终的核心，那就是父母的榜样作用。

父母的言行举止对孩子影响至深。父母只有在生活中坚持原则、约束自我，才能对孩子起到示范作用。以时间管理为例，如果父母时间观念比较差，经常不守时，孩子就会学到同样的行事模式，写作业拖拖拉拉，上课迟到、早退、动不动请假。

研究自律的专家认为：自律是你同你自己订立的合同。在任何情况下，你都必须遵守这个合同。你自己就是警察，一旦你违反了规则，你将必败无疑。

◯ 利用差异化时间，是提升生命质量的秘诀！

影响一个人成长的因素，无非分为先天的和后天的，也无外乎都与时间和空间有关。我们常提到的后天因素中，三大环境（家庭、学校、社会）都是在强调空间因素，它对于一个人成长的重要性可以用孟母三迁的故事作为佐证，还有我们俗话中所说的"良禽择木而栖、智者择人相处"，都是在讲这个道理。

至于时间，我们都知道鲁迅先生有句名言："时间就是生命。"郭沫若对此有延伸性的解释："时间就是生命，时间就是速度，时间就是力量。"看似人人都拥有同样份额的时间，但对每个独立的个体来说，同一时刻做的事情不一样，做事的目标和成就不一样，就带来了人与人之间的差距，即不同的生命质量之间形成了差别，拉开了距离。

随着互联网时代的到来，社会发展飞速，人与人之间身处的空间因素正在被消解，环境因素越来越同质化。当我们研究一个人成长的时空条件时，时间因素更加引人注目。孩子们成长的空间环境差异渐趋缩小，但是同样的时间里，每个人是如何度过的，却存在着千差万别的可能性。因此，使用时间的差异化，会深刻地影响孩子的未来。

这种由差异化时间带来的人与人之间的差距，历史上不乏其例。宋代大文豪苏轼在人生最低谷的时候，写出了许多流传千古的诗作；我国第一位获得诺贝尔奖项的科学家屠呦呦，在 20 世纪 70 年代科学、文化发展几乎处于停滞期的情况下，就已经提炼出了青蒿素。这些成就表面上看不可思议，实际上正是优秀的人把握住了差异化的时间。

2020 年初以来，为了防止疫情的扩散和蔓延，国家采取了一系列措施，减少人员的流动。学校从课堂教育过渡到线上教育，孩子们手中的时间，由集体管理下的统一安排转变为在家中自觉参加网课、自觉做功课、自觉自学。虽然有家长的监督和老师线上的督促，但孩子们的自主性已经大大地提升。就这样，对孩子们来说，以前同质化的时间突然变成了差异化的时间。面对这场突如其来的变化，在如何掌控个人的时间方面，许多孩子包括家长都会感到手足无措。

事实是，孩子们学习之间的差距会因此被拉得更大。随着自主掌控的时间延长，如何规划和使用这部分时间，就是决定孩子生命质量和未来发展的一个关键了。

☁ 让时间差异化

我清楚地记得，我人生中第一段差异化时间是在初二那年。国家刚刚恢复高考，而当时读初二的我，居然看懂了哥哥参加高考用的复习资料。于是从那时起，我就开始学习高中的课程了。正是由于在发现了自己的潜能后，利用好这段时间积极地自学，我才提前完成了同龄人要再花费三四年去学的功课，让自己快速而高效地进入下一个人生阶段。

今天作为家长的我，也和诸位一样，关心如何让自己的孩子获得更多有价值的差异化时间。经过多年的实践总结和对家庭样本的观察、思考之后，我给家长们两个建议：

第一个建议是，家长要提前做好规划。

一些家长习惯于把培养孩子的目标让渡给学校，自己做"跷脚老板"。孩子在学校上学，学校是有教学目标的。如今受疫情影响，孩子在家的时间多了，面对这种新的变化，家长有些焦虑不安。为什么会这样？主要原因是家长以前没有培养孩子的明确目标，或者有目标但没有做好规划，所以遇到环境突变就手足无措。当孩子有了更多自我掌控的时间，家长只有提前做好规划，才能为孩子做到更优的差异化时间安排。

第二个建议是，无条件地爱孩子但绝不无条件地娇惯孩子。

最根本的就是以孩子身心健康成长为衡量标准，在时间安排上做出取舍。孩子上网课不适应，但抗疫时期只能上网课，家长可以耐心地跟孩子一起寻找克服困难的办法。办法总比困难多，如果家长用心督导就会发现，网课跟面授的差别并不大。虽然线下授课永远不可能被完全取代，但是网课的教学形式也将是未来社会的一个发展趋势。孩子一时不适应上网课，家长不能因为心疼或顺服孩子的要求就轻易放弃。

每个孩子都是一个独立的存在，每个孩子都有独一无二的潜在价值，家长要用差异化的时间帮助孩子把潜力激发出来。

第五章　确立好孩子的价值观

一、价值观：行为背后的原理

价值观是如何影响孩子成长的呢？

观念左右着一个人的行为，持续性的行为形成一个人的习惯，习惯能左右一个人的什么？就孩子来说，有家长认为习惯左右孩子的成绩，也有家长则认为习惯将决定孩子的未来。

"价值观"是一个抽象的概念。《社会主义核心价值观与师德、学风建设研究》一书中指出："价值观的含义，是基于人的一定的思维感官之上而做出的认知、理解、判断或抉择，也就是人认定事物、辨定是非的一种思维或价值取向，从而体现出人、事、物一定的价值或作用。"[1] 简单地说，价值观不仅是一个人判断一件事正确与否的最高原则之一，而且还是一个人行为的最高准则。为了通俗易懂地讲清楚价值观跟行为（事实）、想法（观点）之间的关系，我以孩子打架为例来说明：

孩子有没有打人？——这是辨明事实。

孩子为什么要打人？——这是了解观点。

孩子出于这个原因打人，对不对？——这就是运用价值观进行判断。

所以说，价值观并不抽象，它是孩子种种行为、想法背

---

1. 杨俊一、吴强主编：《社会主义核心价值观与师德、学风建设研究》，上海社会科学院出版社 2017 年版。

后起作用的"原理""定律"。只要父母掌握了这个原理和定律，就能明白孩子做出种种行为背后的逻辑和原因。

☐ 孩子的价值观是怎样形成的？

笼统地说，孩子的价值观取决于两大因素，一个是孩子本人，另一个是孩子的成长环境。孩子本人的情况又取决于两个因素，一个是父母的遗传基因，另一个是孩子本人的主观能动性。

尽管人类至今没有完全弄清楚一个人价值观的准确形成机制，但毫无疑问的是，成长环境将严重影响孩子价值观的形成。孩子的价值观形成有这么三个关键期：3 岁左右；12 岁左右；18 岁左右。从孩子接触环境的情况看，3 岁左右这段时期影响孩子的主要是家庭环境；12 岁左右这段时期对孩子有较大影响的是学校环境与家庭环境；18 岁左右这段时期影响孩子的主要是社会环境和学校环境。孩子进入青年时期，特别是工作以后，社会环境（特别是工作环境），还会对其价值观产生重大影响。

先说孩子成人前。一个人小时候形成的价值观，为后来生活中产生的新的价值观打下了基础。从这个角度讲，早期家庭环境影响孩子形成的价值观，我们可以称之为"原生态"。一般而言，父母的言传身教是影响孩子价值观形成的第一环境因素。

父母对孩子价值观的影响，主要体现在行为方面的示范作用，而口头的观念教育倒是其次。也就是说，在影响孩子的价值观方面，家长的"身教"远远重于"言传"。

比如，有的家长喜欢在电话里撒谎。明明在家里，却说在外面忙事情。孩子无意中听见，就不会再相信家长有关诚实的说教了。

儿童时期形成的价值观，从某种角度上讲，就是家长具体行为的总和。

价值观和人性

价值观是高于人性的。关于人性是善是恶，中国古代有过各种观点，我无意在此争辩。从帮助人们教育孩子来说，家长面对的事实是，人性既有善的一面又有恶的一面。通过言传身教尤其是身教，潜移默化地培养孩子的人性，就好比园丁将天然的一株小苗移栽到阳光雨露充沛的地方，搭架引导其成长的方向，适当进行修剪，在这个过程中，把自然生发的人性转变成具有丰富的道德内容和社会性的价值观。

我先从人性"恶"的一面谈起。

这里所谓的"恶"并不是指罪恶，更多是指人性中自私、自保的一面。比如，婴儿为了保护自己而攻击别人的现象就是普遍存在的。稍有育儿经验的父母可能都注意到了，孩子打小就有一定的自我保护意识，我们一般把这样的行为看作孩子的本能。未满周岁的孩子，本来并没有什么攻击能力。但是，如果大人的行为让幼儿感觉到危险，他们就可能表现出一定程度的攻击性行为，比如推开别人的手、从别人手里抢东西等。

父母教育孩子需要管住两大边界，一个是防止孩子被人侵犯，另一个是防止孩子侵犯人。在教育孩子预防被人侵犯方面，多数父母在大多方面都能做得比较到位。但是，在教育孩子不要侵犯别人方面，某些家长就做得不够好，还美其名曰"免得孩子长大了吃亏"。幼儿侵犯人的行为不能得到家长及时、合理的劝阻和纠正，很容易发展成具有攻击性的行为。因此引导、帮助孩子遏制人性中的恶，是为人父母的一大职责。

再说说人性的中的"善"。

大多数父母都会用自己的爱和善良对待孩子。幼儿的模仿本能可以使他们很快学会表达爱和善意，比如对父母笑，跟父母发生亲昵的行为等。有育儿经验的父母比较容易相信人性是善的。

人的行为可以分成本能行为和社会行为两大类。人的本能行为是由人的生物性决定的，诸如饮食、睡眠、避险、性行为等。人类的社会行为是由人的社会性决定的，形成机制就是一个人的社会化过程，通过模仿、学习、受教育、与人交往等来完成。然而，一个人的本能行为和社会化行为并不全是有利于个人与他人的，也就是既有善的行为，也有恶的行为。父母引导孩子张扬善的行为，就是通过言传身教，让孩子只做既有利于自己又有利于他人的行为，这也是天下父母教育孩子的又一大职责。

让孩子明白"自由有边界"

一位三年级孩子的妈妈问我："阿吾老师，怎么能让孩子理解自由是建立在规则基础之上的？他们理解的自由是不需要大人管，想做什么就做什么。"

孩子们对"自由"的理解，跟孩子的价值观有很大的关系。因此，要回答她的问题，也要从价值观入手。

价值观是一个人心灵最深处的观念，虽然要经历较长的时间来形成、稳定，但在孩子的成长过程中，价值观也有其形成的关键期，一般认为是在 3 岁左右。有关研究表明，3 岁是儿童规则意识形成的关键期。我们所说的"立规矩""独立性""自我约束""建立规则意识"等，都是孩子们形成的早期行为规范，也是他们价值观的雏形。这些行为规范中，就包括他们对"自由"的模仿与理解。

这里，我首先想告诉那位妈妈，教孩子理解"自由建立在规则的基础之上"，最好是在孩子 3 岁左右。如果发现孩子把自由误解成"想做什么就做什么"时，就已经错过了这个关键期了，那么家长只能耐心等待，等孩子因对自由的误解而遇到麻烦的时候，再向其说明自由的边界。

自由是一个融合哲学、政治、法律、道德的大概念，对于很多家长来说可能比较空洞。不少家长也不清楚自由的观念与孩子成才的关系。实际上，自由的观念每时每刻都根植于我们的头脑，跟我们生活在一起。我们每个人都有追求自由的冲动和愿望。孩子们在成长过程中，从家庭、学校、社会看到的种种"示范"，将有形无形地影响他们形成自己的理解。这些理解，从小的方面说可能会左右孩子们的某些言行，从大的方面说可能会影响他们对人生道路的选择。由此看来，我们做家长的对自由多一些理解或领悟，对于教育孩子大有裨益。

1789 年法国大革命的纲领性文件《人权宣言》中有一个对自由的定义："自由即有权做一切无害于他人的事情。"这可能是至今为止把自由讲得最通俗易懂的一句话了。

追求自由是种天性，使得孩子会极力摆脱被管束的可能。但是，由于他们年幼无知，对自由的理解容易流于片面化，比如认为自由就是"不需要大人管""想做什么就做什么"。

20 世纪下半叶，英国哲学家以赛亚·伯林提出"消极自由"和"积极自由"的区别，可以帮助我们理解自由是有边界的。所谓消极自由，是指没有受到别人干涉或没有受到人为束缚的那种自由。举例来说，当一个人不被干涉或阻止，可以发表自己的言论时，他就享有言论的自由。但是，如果一个人因为欠缺某些能力或受到自然规律的束缚而不能做某件事时，就不能说一个人没有做某件事情的自由。比方说，我们不能随意在空中飞翔，这不意味着我们没有在空中飞翔的自由，只是我们欠缺那种能力，而非受到人为的束缚。

概括起来，一个人的自由至少存在这样一些边界：自然规律的限制、无害于他人、法律法规的限制。

那么，在孩子成长过程中，家长如何让孩子明白"自由有边界"呢？

除了前面谈到的 3 岁关键期，具体的方法上，其实在前文中我也多次谈到了，就是两条经验：家长跟孩子一起制定家庭规则；家长必须以身作则，做好孩子的榜样。

以孩子玩手机游戏这件事情为例。家长要学会跟孩子坐下来，平等地交谈手机游戏对人的好处和坏处。手机游戏对孩子的好处是娱乐和放松，有的游戏还可以让孩子在娱乐中学习知识，训练孩子的大脑和手的协调性。然而如果孩子玩手机游戏的频率偏高，玩的时间偏长，则有明显的坏处，诸如占用正常学习和运动的时间、视力下降、上瘾等。这些坏处其实就是孩子享有玩手机自由的边界。家长可以通过制定一些有关孩子玩手机游戏的家庭规则，既保证孩子应有的自由，又避免孩子在玩游戏的过程中受到伤害。

制定好相关的规则之后，家长要督促孩子严格遵守，但督促的前提是尊重孩子在规则范围内享有完全的自由；其次就要以身作则，做好表率。有的家长制定家庭规则，一心只想限制孩子的自由，这种规则形同虚设。合理的家庭规则既让孩子得到益处，更让孩子获得尊严。

在孩子成年之前，家长毕竟是家庭的主导，想让家庭规则有效地执行，家长就要给孩子创造一个好的环境。如果家长自己不能严格遵守家庭规则，孩子就会上行下效，家长教育孩子时孩子心里肯定不会服气。在孩子还没有自觉养成良好的习惯之前，父母在对同类型事物上的自我要求方面，必须与孩子看齐。

孩子小，自律性差，他们对自己的欲望控制不好，需要家长引导、监督、管教。家长的引导、监督、管教只有抓住了合适的时机和场合，才能事半功倍。

二、千万不要在孩子面前撒谎！

诚实、诚信是一个人的立身之本。这个道理说起来似乎绝大多数人都懂，也同意这个说法。但是，在现实生活中，不少人并不愿意这样做。因此明朝思想家王阳明提出"知行合一"的理念是有很强针对性的。

我们常常听见有人说，他们没有把某件事情做好，或者某件事情没有达到理想的效果是因为他们太老实了。因此，生活中便经常听见家长教育孩子："做人不要太老实，太老实是要吃亏的。"

真的是这样吗?

诚实是为人的福气

我在网上看到这样一个故事:某个人的弟弟为人诚实、老实。这个人担心弟弟出去打工会因这种性格而吃亏,因此打算在一次全家团聚的时候,主动开导弟弟为人不要太老实。不料两杯酒下肚,弟弟倒先打开了话匣子。弟弟说:"哥,老实人没亏吃。我们包工头正因为看我为人诚实、做事实在,总让我干一些关键的活,比如收发料、管电机、验土方什么的。其实,这些活儿都轻松,不但累不着,工钱还一样拿。"哥哥问弟弟:"要是没有这些轻松的活儿呢?还不是让你这种老实人吃苦受累!"弟弟笑了笑,讲起了另一件事情:"一次,我们要在工地挖一条宽1米、深1米的大沟,每人要挖20米长。别人都急着去抢好挖的地段,我没有去抢。没有挖过,谁知道哪一段好挖?那些滑头们都拣了较低凹的地段,把一段高地留给了我。他们一锹挖下去才明白,那些低凹的地方都是汽车轮子长期轧过的,虽然低洼却很坚硬;而我挖的那一段高地,没人踩过,土层十分松软。结果呢,他们两天没干完的活,我不到一天就干完了。"

当然,在现实生活中,老实人有时候确实会吃亏。不过,从长远来看,一个人处处表现出奸猾、虚伪、爱占便宜,就会引起别人的戒心，也就会失去很多机会。

家长要切记，不要误导孩子怀疑诚实的价值。但令人遗憾的是，部分家长在教育孩子时的种种表现，就潜伏着这种误导造成的隐患。中国青少年研究中心曾在北京、上海等六省市进行过一个有关中小学生学习和生活现状与期望的调查，结果显示 43.8% 的小学生和 43.6% 的中学生最不满父母的，是他们说话不算数。专家对此的解读是，孩子非常反感父母缺乏诚信的行为。

我归纳总结了一下，家长不够诚实、诚信的常见现象有四类：一是由于家长不方便给孩子讲实话或者怕孩子不懂，只好编一套说辞；二是家长不懂装懂，为了敷衍搪塞孩子而胡编乱造；三是家长为了达到某个目的随便向孩子许诺，说过之后很快就忘记了；四是家长为了掩藏某个真相向孩子撒谎，对孩子幼小的心灵造成伤害。

这类现象在生活中很常见，例如，当小孩子问妈妈自己是怎么来的，有的妈妈说是捡来的，有的妈妈说是天上掉下来的。因为孩子出生的话题涉及性，传统的家长总是选择回避，于是就编出一套天方夜谭。家长这样解释，看起来无伤大雅，但可能会对孩子青春期的身心健康产生负面影响。

孩子们小时候大都特别崇拜父母，认为他们知识渊博、无所不能。随着孩子一天天长大，知道得越来越多，父母在知识方面的优势渐渐丧失。如果父母不能持续充电，又爱面子，面对孩子的问题不懂装懂，敷衍搪塞孩子，胡乱编造一通，就会让孩子失望。慢慢的，孩子会觉得父母落伍了，与父母渐行渐远。

还有些情况下，父母因为担心孩子接受不了某些事情，所以换一种隐晦的说法，结果无形中变成了善意的谎言。善意的谎言也是谎言，对于懵懵懂懂的孩子来说，他们常常会信以为真，时间长了也会误导他们对诚实的看法。

"曾子杀猪"的故事

曾子杀猪的故事大家都耳熟能详了——曾子的妻子要到集市去，她的儿子一边跟着她走一边哭，曾子的妻子说："你先回去，等我回来后给你杀一头猪，烧肉吃。"妻子从集市回来后，曾子抓住一头猪就要把它杀了，妻子制止他说："刚才那样说，只不过是与小孩子闹着玩儿罢了。"曾子说："大人是不能和小孩子闹着玩儿的。小孩子不懂事，凡事都跟父母学，并听从父母的教诲。你今天欺骗他，就是在教他欺骗。母亲欺骗儿子，做儿子的就不会再相信自己的母亲，这样是不会把孩子教育好的。"妻子听完曾子的话，决定把猪杀了。

但是有些家长并没有从这个故事中吸取经验教训，反而被人性的弱点所"俘虏"。我们在生活中常见父母为了让孩子做某些事情，随口向孩子许诺——这样的许诺真是数不胜数，例如"别哭了，一会儿给你买冰激凌吃""把水果吃了就给你看动画片""看完这本名著就奖励你玩电子游戏""期末考试数学考 90 分以上就给你买手机""参加补习班，每周让你钓一次鱼""考上重点中学，假期就带你出去旅游"，等等。可孩子做到了，父母却不兑现自己的承诺。这些不经意的失信行为后患无穷！家长无诚信，首先会让孩子失去前进的动力；其次会让孩子对别人失去信任；最后孩子有样学样，也不再会注重对他人的承诺。孩子越来越把失信于人不当一回事，那真是一件令人痛心的事情！我相信，每一位家长都不愿意看到自己的孩子变成这样的人。

父母在孩子面前毫无顾忌地撒谎，无疑是最为恶劣的事情。孩子在家做作业，爸爸要出去打麻将，既担心影响孩子情绪，又担心在孩子面前失去"光辉形象"，于是撒谎说出去见客户——那位"客户"不知道背过多少黑锅！一旦谎言戳穿，这位爸爸担心的事就会全部发生，并且加剧给孩子带来的负面影响。

诚实、诚信是一个人最基本的品德，父母的虚假行为，会严重影响孩子人格的塑造。父母是孩子的第一任老师，一言一行都要做好孩子的榜样。如果父母注意到孩子在日常生活中变得喜欢撒谎，那就要先反省自己了！

三、懂礼貌比会学习还要重要

在家庭教育中，礼貌究竟处于什么样的地位？是可有可无的吗？这有必要跟家长们好好谈一谈。

孩子的无礼现象

在家长课堂上，我曾讲过一个现象：当新来的学生们走进我的作文培训中心时，我都会主动跟他们打招呼，遗憾的是大多数学生不会回应我。更加过分的是，部分学生连看都不会看我一眼。也许他们把我的言行当成了"生意经"吧。

中午或者下午放学时，常会有一两位学生家长迟到半小时以上才赶来接孩子。学生坐在大堂等候，我们的工作人员会在这段时间联络家长、安抚学生情绪。可是，家长的车驶抵大门口，工作人员刚通知学生他们的父母到了，这些孩子就会像离弦的箭一样立刻冲出去，从来不跟工作人员说"谢谢"或"再见"。

我教过一位小学四年级的女学生，她性格文静，十分遵守课堂纪律，就是对老师同学都爱理不理。中午放学后，她坐在大堂的沙发上看书，等家长来接她。当她爸爸的车停在大门口时，我叫她的名字，并告诉她爸爸到了，她却毫无反应，连头都不抬一下。过了大约三四分钟，她爸爸下车走进大堂，站在她面前，轻声叫她的小名，她也同样没有任何反应。等她看完一两页书后，才突然站起来，向大门口走去。10天的课程里，这一幕上演了10次。

礼貌的背后是什么

礼貌是人与人交往过程中最基本的道德规范。关于礼貌的定义有三个要点：

第一，礼貌是道德规范。

讲"礼"这个行为在人类历史上是源远流长的，属于人们自觉自愿、共同遵守而无须法律强制要求的部分。大凡人类文明中源远流长的事物，一般表面看形式简单，却事关重大、内涵深刻。它触及人性的本质，而形式简单是为了便于执行和传承。

第二，礼貌是道德规范中最基本的部分。

一个人如果连礼貌都做不到，道德规范中的其他部分就更加难以做到了。反过来说，礼貌是诸多道德规范之中最容易做到的。"你好""请""谢谢""对不起""再见"等，是在幼儿阶段学习加减法之前就开始学习的礼貌用语。为什么？因为讲礼貌是最基本也最简单的行为规范。学会讲礼貌，从老师那里学习知识时，才有一个行为逻辑上"授"与"受"的概念，以及对这种行为逻辑背后应持有什么样的态度的基本认知。

第三，礼貌事关人与人的交往。

我们每个人都既是独立的个体，又从属于社会。生活在社会当中，人与人之间的交往就少不了。讲礼貌是人与人交往的一个行为准则，体现人与人之间的关系，其重要性自不待言。一个人不懂礼貌、拒绝礼貌，实质上是不愿合群，人们自然会将他（她）边缘化。

礼貌源于人们内心希望得到别人尊重的需求。换言之，礼貌是一个人自重和尊重别人的表现。而只有自重并尊重了别人，才有可能获得别人的尊重。法国启蒙思想家孟德斯鸠说："礼貌使有礼貌的人喜悦，也使那些被礼貌相待的人们喜悦。"礼貌除了尊重的原则之外，还有谦逊、真诚、自律等要求。孩子在学习礼貌的过程中，也将学会为人处世的一系列珍贵品质。

孩子拒绝礼貌的隐患

我前面提到那位女生的父亲告诉我，他们夫妻多年前就注意到女儿不愿意跟人打招呼的现象。出于"尊重孩子"的想法，他们没有干涉更没有纠正女儿的这一表现。然而看到一位父亲这样"尊重"孩子，我真是无言以对。

一个人要步入社会并在社会上生存，礼貌并非可有可无。孔子说："不学礼，无以立。"英国早期启蒙思想家约翰·洛克在《教育漫话》中说："礼貌是儿童与青年所应该特别小心地养成习惯的第一件大事。"如果一个人没有把人生中的第一件大事做好，那么也难以立足社会。

　　一位十来岁的孩子拒绝基本的礼貌，不仅难以融入集体，更难融入社会。就连其心理是否健康，也值得怀疑。在我的经验中，孩子5岁前不爱跟人打招呼，需要爸爸妈妈引导。有的小孩子跟父母上街，遇到父母的熟人就往父母的身后躲。孩子的这些表现是正常的，表面上看是因为他们没有养成打招呼的习惯，而深层次的原因是缺乏安全感，当然部分孩子同时还有性格内向的原因。但是如果孩子六七岁了，父母反复引导，学校老师也不断要求孩子，还是没有见到人打招呼的礼貌行为，那就是典型的"不懂礼貌"了。

　　学不会讲礼貌的孩子，还存在着学习困难的隐患。一个连"你好""请问""谢谢"等简单礼貌用语都不愿意学习的孩子，很难有强烈的动机去向他人请教问题、主动去寻求答案或交流探讨。礼貌的背后是人与人之间的相互尊重，一个孩子不尊重别人，实际上也不在乎别人是否尊重自己，他自然就会缺乏责任感。我们在上一章专门说过，一个孩子源自内心的责任感，是最持久的学习动机（本书第126页）。早懂礼貌的孩子早懂事，会更早萌发对自己人生负责的学习动机，学习成绩也才能不断提高。

礼貌不是做做样子

　　礼貌对于孩子来说，是他们将来融入社会、学会自尊自重所必须通过的闸门。

如何教会孩子懂礼貌？我给家长朋友的建议有三条：一是做好言传身教；二是要有耐心和恒心；三是鼓励孩子多交朋友。

关于言传身教的重要性，我已经说过很多，不复赘言。

孩子形成懂礼貌的教养，是一个持续的过程，它源自于童年时代的长期积累。在这一长期过程中，父母的言传身教最重要。父母不能因孩子的不适、拒绝就放弃，必须具备恒心和耐心，对孩子不良行为不断地进行管教和引导。

鼓励孩子交朋友，有助于孩子在与人交往的过程中自然地形成规则意识和礼让的行为习惯。孩子天生喜欢跟同伴玩，家长要为孩子多提供结交朋友的机会。在小区、街上、购物中心、公园、游乐场所，孩子要找同伴玩，他（她）就得主动去跟别的小朋友打招呼；要交到稳定的小伙伴，他（她）就得学会尊重、谦逊、真诚、自律。

自尊和尊重别人，既是孩子们从小需要学习的行为规范，同时又是他们前行的动力。

四、你的孩子有"巨婴症"倾向吗？

2018 年年底，《咬文嚼字》公布了当年十大网络流行语，"巨婴"一词赫然在目。"巨婴"原来的意思是出生时体重较大的婴儿，眼下被用来指代心智滞留在婴儿期水平的成年人。这一年发生的山东高铁霸座、重庆万州公交坠江等事件，让人们高度关注起身边的成人"巨婴"来。

"巨婴症"到底是怎么得的呢？社会上不乏讨论。以我的观点来看，所谓"巨婴症"其实来源于自我意识障碍。

☕ 什么是自我意识？

《学前儿童社会教育》一书中有对"自我意识"概念的解释："自我意识是对自己身心活动的觉察，即自己对自己的认识，具体包括认识自己的生理状况（如身高、体重、体态等）、心理特征（如兴趣、能力、气质、性格等），以及自己与他人的关系（如自己与周围人们相处的关系，自己在集体中的位置与作用等）。自我意识具有意识性、社会性、能动性、同一性等特点。自我意识的结构是从自我意识的三层次，即知、情、意三方面分析的，是由自我认知、自我体验和自我调控三个子系统构成。"[1]

自我意识的形成原理包括：正确的自我认知、客观的自我评价、积极的自我提升和关注自我成长。在人生不同的发展阶段，自我意识的形成各有特点。

对照自我意识的概念和结构，可见本节开头提到的那些事件中的主人公，就是典型的社会"巨婴"，他们的问题是

---

1. 张岩莉、杨雪萍、魏艳红编：《学前儿童社会教育》，复旦大学出版社 2012 年版。

对自我与他人之间的关系认识不清，社会性方面表现很差，在自我认知和自我调控方面也差强人意，因此才会闹出危害公共秩序甚至无视自我和他人生命的恶性事件来。

弗洛伊德怎么说？

弗洛伊德曾提出过"快感原则"和"现实原则"这两个彼此联系紧密的学说。他认为，人在道德习惯的观念还没形成的婴幼儿阶段，一切行动都是自发的、任性的、毫无顾忌的。这个时期的人只知道寻求快感，不会考虑自己的想法和要求与他人的利益是否冲突，比如小婴儿看到桌上摆着美味的糕点，可能就会伸手抓过来吃，绝不会顾及在场的其他人要不要吃。但是伴随着年龄渐长，接受了家庭教育、学校教育还有社会风俗礼节等的潜移默化之后，人会越来越适应"现实"，懂得节制欲望，把自己的快乐让渡给更多的人，会放弃眼前的蝇头小利去争取长远的利益。

每一个健康的个体，在现实原则的限制下，必须学会接受"延迟满足"。如果不向现实妥协，继续坚持婴儿时期的那种"我想要的，马上就得得到"的心理，那么这个人就会永远停留在感情功能不健全的幼儿期，既不能完成自我实现，也没有办法跟社会交流，成为社会"巨婴"。据有关专家分析，这类人都有"全能自恋"和"偏执分裂"的心理特质。

"全能自恋"是指，一个人认为自己无所不能，全世界都是自己的所属品，这样的人不能与人平等相处，甚至不把别人当人。这种心理在婴儿时期普遍存在，被称为"自我中心化"。

"偏执分裂"是指，一个人满足于自己的想象世界，脱离现实。这样的人不能接受别人的质疑，一旦受到质疑就产生强烈的抵触心理；不能接受非预期的结果，一旦事出意外就会陷入忧郁；更无法接受挫折，一旦遇到挫折，内心就会崩溃。

家长朋友们，你的孩子有"巨婴"症状吗？你是否在培养一个"巨婴"？

☐ 3 岁和 12 岁是自我意识的关键期

一个孩子从出生到成人，会经历婴儿（0—3 岁）、幼儿（3—6 岁）、儿童（6—12 岁）、少年（12—16 岁）、青年（16—24 岁）这样几个时期。其中，3 岁和 12 岁左右这段时间对他们自我意识的确立特别重要。

一个婴幼儿在 3 岁左右将经历自我意识的第一次飞跃，从以前处处依赖父母转变为寻求自主权。在这个关键期，家长最容易犯两个错误，一是过分满足孩子不该满足的欲望；二是包办孩子本可以自己承担的事务。过分满足孩子欲望的典型行为，就是孩子想要什么，家长当场就给他们，任何延迟满足都不在考虑之列。被这样惯大的孩子，很容易成为一个"巨婴"。其实，孩子寻求的自主权并不是对财物的占有，而是因自己"很能干"生发的成就感。从正面来说，教育处在 3 岁关键期的婴幼儿，家长最需要做的事情是为孩子提供民主型的家庭氛围，循序渐进、持之以恒地训练孩子的生活自理能力和家务劳动能力，帮助孩子树立平等、民主、自食其力的价值观。

12 岁左右，孩子进入青春期。青春期是令家长头疼的叛逆期，这个年龄段的孩子对自主权的需求急剧增加。多数专家认为，青春期的叛逆是孩子们为独立自主意识受阻而抗争，为社会地位平等的欲求不满而抗争，是两代人观念上的碰撞。观察那些没有出现叛逆表现和心理的青少年后，你会发现，他们的自主权得到了充分的满足。对父母而言，孩子独立自主意识的形成是一件大好事，我们何必为此头疼不已呢？

五、不容忽视的趋势：富裕带来的教育问题

在做作文培训时，我除了积累提升中小学生作文能力的具体经验外，还收获了不少家庭教育方面的信息，特别是物质生活水准较高的家庭的子女教育问题。

德国统计学家恩格尔在 19 世纪提出了衡量一个家庭乃至一个国家富裕与否的方法，他的方法被人们称为"恩格尔定

律"，其中用以衡量的标准被称为"恩格尔系数"。恩格尔认为，人们的收入越高，用来购买食物的费用在总支出中占比就越低。道理很简单，温饱满足了，就可以有余力和多余的资金去做其他的事情，可以拥有更丰富的物质和精神追求了。这些年，随着经济大跨越式的进步，我国对"小康社会"已经由"建设"的构想和初步实施发展到向"建成"的目标迈进。越来越多的家庭步入富裕的层面。伴随着物质的富裕，今天的社会对教育的要求越来越高，但是也有新的问题出现在富裕家庭的子女身上，值得家长们关注。

问题是什么？出在哪儿？

有人将中国富裕家庭子女的教育问题归纳总结为四个方面的表现：一是贪图享乐，节俭意识差；二是刁蛮任性，自控能力差；三是依赖性强，自理能力差；四是主体意识淡薄，缺乏责任感[1]。如果我们对四个方面都有问题的学生进行画像，得出的可能就是纨绔子弟的典型形象——衣着华丽、吃喝玩乐、游手好闲、不务正业。

在我教过的学生中，有一半以上来自准富裕家庭。我现在回想一下，他们中没有一个人身上同时明显存在上述四个问题，其中有几个学生身上基本不存在上述任何问题。为什么会这样？我的理解是，一部分家长属于自力更生、努力打

---

1. 樊洋洋、尉辉：《富裕家庭子女教育中存在的问题及解决对策》，载《企业导报》2015 年第 18 期。

拼的创业型人士，还有一部分家长属于知识结构较为全面、学识和教养层次较高的，这些家长自控能力、自理能力和责任感都很强，他们一方面家教严格，一方面以身作则，孩子自然也很优秀。

依我的观察，这些来自富裕家庭的孩子身上也有问题，但不出在上述四个问题上面，而是主要表现在以下两方面：一是缺乏责任感，懂事晚；二是自理能力差，眼高手低。

我认为造成这两方面问题的主要原因是父母陪伴不足。

既有钱又有闲的人总是不多，多数有钱的人大都忙得要命，恨不得把一天的时间掰成两天来用。有的家庭至少有一方（在中国，通常是爸爸）因要支撑全家的生活开销，很难有机会陪伴孩子。有的家庭，父母比较注重个人的人生追求，并不把陪伴孩子当作生活中唯一的重大事件，分给孩子的时间也较少。还有的家庭中，虽然父母较为重视亲力亲为地陪伴和教育孩子，但可能因为对孩子期望过高或有偏差，抑或教育方法不当，造成形式上的无效陪伴多而利于孩子身心发展的有效陪伴少。

如果父母的价值观比较正，行为习惯也得当，那么对孩子的影响就会比较积极；如果父母本身在价值观上有偏差，又有某些不良的行为习惯的话，那么对孩子就会产生消极、负面的影响。比如有些父母，遇到未尽责任的情况，会基于愧疚或图省事，产生一种错误的心态，即用钱去解决问题。

这些家庭里的孩子，从出生到长大成人，生活、学习条件都很优越，家务有人代劳，上下学有车接送，除了上课、做作业，其他都不用自己操心。这样下来，他们多半轻视劳动、害怕吃苦，生活自理能力较差，同时也缺乏责任感。

越富裕，越要谨慎育儿

越是富裕家庭，越应注意父母对孩子的影响。关于这个说法，美国当代著名心理学家班杜拉的"社会学习理论"可以帮助我们理解。

班杜拉认为，所谓"社会学习理论"就是探讨人的认知、行为和环境因素三者之间的交互作用，以及对人类行为的影响。他的一个重要观点是，儿童社会行为的习得主要是通过观察、模仿现实生活中重要人物的行为来完成的。其中，观察者的行为会因为看到榜样而受到强化，从而让自己也倾向于做出榜样的行为。毫无疑问，父母就是孩子最重要的行为榜样。每一对父母对孩子行为习惯的影响都不容小觑，富裕家庭的父母对孩子的影响尤甚。因为这些家庭的父母一般会被认为是世俗意义上的"成功人士"，在孩子的心目中，他们就是英雄或权威。因而他们对孩子行为的替代性强化作用，要比其他父母更加突出，无论好的一面还是坏的一面，都是如此。换言之，成功人士的行为习惯将更多地强化学习者的行为习惯。"成也萧何，败也萧何。"富裕家庭父母的好习惯对孩子的正面影响更大，不良习惯对孩子的负面影响也更大。

从延续成功的角度讲，富裕家庭的父母也要特别重视子女教育。这种重视不仅应体现在为孩子的教育投入更多的金钱，而更应投入更多的时间，同时强化个人修养，在陪伴孩子的过程中了解孩子，做好孩子的榜样。

六、不容忽视的现象：孩子的优越感

在过去一年半的授课经验中，我发现我教过的两百多个学生里，不少学生谈吐中流露出某种优越感。课间休息时，常会有学生这样向我"炫耀"：

"我爸爸是某某公司总经理。"

"我爸爸是某某集团老板。"

"我爸爸是××（名牌）大学教授。"

"阿吾，我们家住的是别墅。"

"阿吾，我爸爸开的是××车。"

那么我们就来聊聊这些话题——什么是优越感？优越感对孩子好不好？哪些好，哪些不好？怎么避免孩子产生消极的优越感？

☕ 什么是优越感？

"优越感指显示蔑视或自负的性质或状态，是一种自我意识。大多数人都会不同程度地拥有某种优越感。"[1]优越感可能体现在各种方面，比如有人在出身上有优越感，有人在长相上有优越感，有人在职业或喜好上有优越感。个体心理学创始人奥地利心理学家阿尔弗雷德·阿德勒认为，一个人的人生总目标就是追求某种"优越性"，也就是摆脱自卑感去得到优越感。因此，优越感和自信心、自豪感是有差别的。相对而言，优越感带有贬义和其他一些负面的意义，一些优越感很强的人，常常容易用一些不适当的方式将他的优越感表现出来，比如高傲、固执、孤芳自赏等。

☕ 优越感一定有坏处吗？

尽管优越感是带有贬义和其他一些负面意义的，但在我看来，一个人只要把优越感控制在一定的范围内，并不会造成多大的害处。只是，如果一个人的优越感无限膨胀，那将会有百害而无一利，会让人们对其敬而远之。

对于未成年的孩子来说，如果家庭、学校、社会引导不当，他们将很难掌控好优越感的分寸，其消极影响就难以避免。一个人的优越感跟自信心紧密相关，我们想让孩子完全没有优越感，既不现实，也不可能，甚至还会打击孩子的自信心。自信心对于孩子的成长是必需的，也是正面的。从保护孩子

1. 李晓东编著：《北大人文课》，北方妇女儿童出版社2014年版。

的自信心出发，适当维持其一定的优越感还是应该的。

优越感过强对于孩子成长则是不利的。孩子的优越感首先来自家庭优越感，每个孩子都有基本的认知能力，他们天生会把自己的家庭跟别人的家庭进行对比，对比的结果会让一部分孩子产生优越感，也会让另一部分孩子产生自卑感。这种对比行为是优越感产生的客观背景。虽然一个人主观的优越感是由其客观的优势形成的，但是客观的优势并不一定会形成主观的优越感。这可以从两个方面去理解：第一，尽管一个人有客观优势，然而他（她）并没有意识到；第二，一个人的修养让他（她）没有把客观的优势转化为主观的优越感。

居里夫人是世界上第一位获得诺贝尔奖的女性。不仅如此，她还培养出了优秀的女儿——一个成为音乐家，一个是物理学界的翘楚，并也获得了诺贝尔奖。居里夫人除了做好自己身为物理学家的本职工作，据说也是个称职、优秀的母亲。在这样的家庭环境里，居里夫人的女儿们并没有表现出令人不适的优越感，她们小时候的玩具之一就是母亲获得的诺贝尔奖牌。母亲对待荣誉、名声的平常心，对生活充满热情、积极参与的态度，也正面地影响了孩子。

瞧，有优越感并非全是坏事，因为它与一个人必需的自信心存在千丝万缕的关系，某些优越感对孩子来说还是有裨益的。因为优越感可以转化为自信心，一定的优越感有助于孩子建立自信。在这种情况下，家长要帮助孩子分辨优越感的来源。

孩子优越感的来源可以分为外在的优势和内在的优势两大类。

外在的优势最显而易见的体现就是家庭优越感。父母的长相、权力、财富、学识都可能成为孩子优越感的来源，但它们都不是孩子自身所拥有的，而是外在的。

内在的优势指孩子自身具备的优长之处，无论生理方面的长相、力量、速度、平衡能力，还是心理方面的智力、情感、意志、动手能力，都包括在内，一般来说它们将与孩子相伴终生。

孩子的自信心只有建立在内在优势的基础上，才是实实在在的。那些建立在外在优势基础上的自信心，都有可能是过眼烟云。从这个角度上讲，外在的优越感运用不当的话就会对孩子有害，而适度的内在优越感有助于转化成自信心，具有一定的积极意义。家长一旦观察到孩子优越感太强，就需要对孩子进行积极的引导或干预了，以避免让优越感产生消极的影响。

☞ 怎么避免消极的优越感

在现实生活中，我们经常可以见到一些父母把自己的某些优越感简单地传递给孩子，而孩子最初的优越感又基本都是建立在家庭优势上面的，特别是权力和财富两方面。这对于年少无知的孩子来说是十分危险的。

家长怎么避免孩子产生消极的优越感，特别是不让孩子在权力与财富方面产生优越感？答案其实很简单：第一，家长自己要克制优越感的膨胀；第二，孩子不必要知道的家庭优势就不要让孩子过早知道；第三，帮孩子从小建立自食其力的价值观和习惯。

美国历史上第一个百万富翁——老约翰·D.洛克菲勒，从他发迹至今已经绵延六代。洛克菲勒家族何以历久不衰？这跟老洛克菲勒传给后代的家教方法紧密相关。

老洛克菲勒的家教方法是从小培养孩子自食其力的意识和习惯，其中之一是孩子必须做家务才能挣到零花钱。老洛克菲勒只有一个儿子——小约翰·D.洛克菲勒，而小洛克菲勒共有 6 名子女。小洛克菲勒同样鼓励 6 个孩子靠做家务挣钱，比如捉住阁楼上的一只老鼠能挣 5 美分，拍死走廊上100 只苍蝇能挣 10 美分，帮家里背柴火、劈柴也明码标价。三儿子劳伦斯和四儿子纳尔逊分别在 7 岁和 9 岁那年取得了为全家擦皮鞋的特许权——擦一双皮鞋挣 2 美分，擦一双长筒皮靴挣 10 美分。

以洛克菲勒为代表的超级富豪都这样教育子女，诸位家长又有什么理由娇惯孩子呢？

七、不能成人，何以成才？

2014 年，中国教育科学研究院对北京、黑龙江、山东、江西 4 个省市的 2 万名家长和 2 万名小学生进行了家庭教育状况方面的调查，调查报告的第一大结论是，家长更关心孩子"成才"而忽视"成人"。依据是家长最关心孩子的八大方面，从高到低依次为：健康安全（65.95％）、习惯养成（55.47％）、日常学习（53.58％）、人际交往（37.89％）、自理能力（33.75％）、性格养成（28.09％）、兴趣爱好（19.47％）、情绪情感（11.93％）。

这些统计数据表明，孩子的课业学习是除健康安全外大多数家庭关注的教育重点，五成家庭将学习作为亲子沟通的主要话题。子女学习成绩的好坏是父母之间相互评价的标尺，也常常是引发夫妻矛盾的导火索。与此形成鲜明对比的是，那些有利于孩子身心健康成长、有助于建立亲密亲子关系的方面，诸如人际交往、自理能力、性格养成、兴趣爱好、情绪情感等发展性因素不被多数家长重视。

这个现象让我禁不住发问：不能成人，何以成才？

好高骛远要切忌

当看到不少家长一心只盼着孩子学习好、将来考一个好大学，而不重视孩子长大成人的基本面的现象时，我头脑中浮现出的是"好高骛远"这个成语。

好——喜欢；高——过高；骛——追求；远——过远。好高骛远的意思就是一个人脱离实际地追求不可能实现的过高、过远的目标。它出自《宋史·道学传一·程颢传》："病学者厌卑近而骛高远，卒无成焉。"翻译成今天的口语便是："那些有问题的学生看不上身边的小事，而去追求不切实际的高远目标，一直到死都一事无成啊。"

原来平庸并不是一个人甘于平庸造成的，而常常是好高骛远导致的。这个道理实在是令人玩味！

我们在现实生活中不时遇到这样的人——他们满脑子想着挣大钱、做大事，对自己手上的小事不屑一顾，眼高手低、急功近利、好大喜功。有这种心态的人，总是对日常工作敷衍了事，同时也瞧不起那些做小事的人。一个人瞧不起小事就不愿意做小事，也就做不好小事。一个连小事都做不好的人，又怎么有能力做大事呢？那些不愿意做小事的人，便失去了许许多多做大事的机会，留给他们的只剩下"庸碌"二字。

家长过分关注孩子成才，忽视孩子成长成人，不就是家庭教育中的"好高骛远"吗？！

成人是前提

人才——人中才俊，首先是人，然后是才。孩子长大成人是他们将来成才的前提和基础。

在我看来，所谓成人就是长成一个自食其力、健康、快乐的人。他们价值观成熟，道德品行良好而稳定，具备既合群又有个性的思维和行为方式。把孩子培养成人，需要父母的心血与付出。"十年树木，百年树人"，家长们要树的人就该是这样的人。从成人的目标来看，孩子的学习固然重要，孩子的自理能力、人际交往、性格养成、兴趣爱好、情绪情感同样重要。

我们不是孤立的人，而是社会中的人。一个人从小到大一定会或多或少地跟亲人、邻居、同学、老师、同事、顾客打交道。一个人在跟别人打交道的过程中，学识和才干只用得上一部分。实际上，道德、品行、性格、交际能力、兴趣爱好、情绪管理都有用武之地。

一个对社会有用的人，首先应该是一个心理健康的人、一个人格健全的人。孩子只有具备了自信、自立、自律、诚实、勤奋、合作、毅力等积极的人格因素，他们成才的希望才会越来越大。

以成人为前提和基础的成才，才是真正的成才。

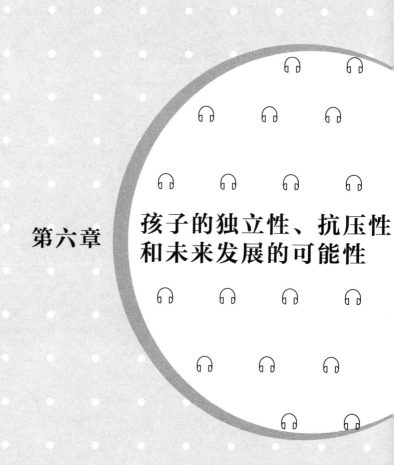

第六章　**孩子的独立性、抗压性和未来发展的可能性**

一、教育孩子独立，胜过当第一

教育的本质，其实就是教一个人学会独立。

据有关资料介绍，哈佛大学的专家学者跟踪研究了1万名24—45岁的成年人，并走访了他们的原生家庭。研究结果表明，其中薪资高出平均水平30%以上的人士中，有85%接受过高等教育，原生家庭也比较幸福。他们在童年时期具备五个共同特点：

一、较早表现出独立人格；二、喜欢主动帮助别人；三、喜欢和不同年龄的人做朋友；四、思维很灵活；五、做事认真、效率高。

较早表现出独立人格，可以说是成功人士的第一特质。翻译《堂吉诃德》的著名女作家杨绛，她的父亲杨荫杭曾留学于日本早稻田大学和美国宾夕法尼亚大学。杨荫杭说过："教育孩子独立，胜过当第一。"我深以为然。

随着国力的强盛和经济的发展，越来越多家庭的孩子摆脱了"寒窗苦读"的艰辛命运，学习环境变好的同时，另一个问题也出现了。不少家长都向我反映说，就独立性这一方面而言，这一代孩子跟上一代人比差远了。对此，我同样深以为然。不过，我认为，孩子独立性差是由于家庭环境的影响，父母迟迟不愿意放手让孩子独立，孩子才会变成所谓的"巨婴"。

∩ 爱是学会放手

如果孩子进入青春期，独立性还比较差，怎么办？我的回答是：家长该学会放手了！

独立人格对一个人来说太重要了，甚至可以说是现代人必不可少的素质，如果在孩子小的时候没有培养，那在青春期一定要抓紧了！

父母要教会孩子独立，第一件事情是要让孩子认识到独立性的重要，自觉萌发独立意识。所有孩子都有独立意识，更不要说青春期的孩子了。我还是要"老调重弹"——父母要唤醒孩子源自内心的责任感。孩子的人生不是父母的，更不是爷爷奶奶及其他长辈的，而是他们自己的。自己的事情只有自己才能负责任，自己能独立却不独立就没有办法对自己负责任。

父母一定要懂得放手，给孩子更多独立的空间。比如周末，父母有事外出，留孩子在家里学习，不要给孩子点外卖，让孩子自己做顿简单的午餐吧，哪怕泡一桶方便面也行。父母要鼓励孩子多交朋友，特别是那些独立性强的朋友。不时约朋友出去打打篮球、看场电影。孩子有了独立的生活空间，独立性就会"不请自来"。

好吃懒做培养不出独立人格，父母要教会孩子勤劳。不管家庭多么富裕，要求孩子从事一定的体力劳动都是十分必要的。一个健全的人，在身体、精神等方面都需要平衡发展，缺一不可。教孩子从小做力所能及的家务；等孩子长大后，让他们去做一些强度更大的体力劳动，这是锻炼其筋骨和心智，也是培养孩子独立性的不二法宝。

父母要掌握火候

在教孩子学会独立这件事情上，人们面临的第一个挑战，就是要准备打"持久战"。

孩子（未成年人）还是一个尚未完全成熟的个体，学会独立有一个过程。教孩子一步步独立起来，是家长的使命。然而教导的过程中潜伏着种种矛盾，这些矛盾可以表现为两种极端，一端是揠苗助长——过早教孩子去做他们无法独立完成的事情；另一端是错过了教孩子独立的最佳时机。父母要想处理好这样的矛盾，就得像高明的厨师那样掌握好火候。

了解孩子成长的关键期，或许是家长掌握好火候的一个途径。我在《序章》中专门讲过关键期是什么——家长在孩子学某项技能的关键期施加教导，多会有事半功倍的效果；错过了关键期，孩子再去学习某项技能，就会事倍功半了。

孩子3岁时，开始有了明显的自我意识，这个阶段也被称为"人生的第一个叛逆期"。家长一定要把握住孩子此时萌发的自我意识，让他们学习做自己力所能及的事情，比如吃饭、穿衣、上厕所、看书、玩积木等。3岁的孩子一次走半个小时的路程是没有问题的，这时候去幼儿园上学或者去购物中心购物，父母最好不要抱孩子，多让孩子自己走。

有"韩国第一妈妈"美誉的全惠星，养育的六名子女（四儿两女）分别毕业于美国哈佛大学和耶鲁大学。她的经验是小学阶段对于培养孩子的良好学习习惯最为重要，关键是培养孩子不用督促也能主动学习。此外，她分享说，3—5岁是父母给孩子的独立人格启蒙阶段；6—12岁则是父母教孩子学会独立生活种种技能的阶段，比如独自上学、帮家里在附近购买临时急需的小商品、打扫卫生等。

二、抗压力更能决定一个人的成功和幸福

有一个初三学生跟两位同学在教室玩扑克牌，他们分别被老师请了家长。这个学生的妈妈一到学校，二话不说，伸手就扇了儿子两个耳光。接着，这位妈妈一边高声怒骂，一边戳孩子额头、掐孩子的脖子。等妈妈离开后，这个年仅14岁的少年在原地站立了几分钟，便爬上护栏，从五楼上一跃而下，当晚就不治身亡了。

⌒ 中学生自杀倾向不容忽视

北京大学公共卫生研究所从2004年开始启动一项有关学生自杀情况的调查，涉及全国18个省市区，调查对象为10—24岁的大中小学生。在2018年初公布的报告中，他们

共调查了14万余名学生，平均年龄为16.3岁。报告称，调查对象中有20.4%的学生考虑过自杀，其中男生占17%，女生占23.7%；有6.5%的学生为自杀做过行动计划，其中男生占5.7%，女生占7.4%；有2.9%的学生曾经采取措施实施自杀，而男生与女生的比例是一样的。

请家长们注意的是，中学生，特别是初二、初三和高一年级的学生，无论男生还是女生，有过自杀意念或自杀计划的比率，远高于其他年级。

🎧 有效途径培养抗压力！

避免大中小学生自杀的一个有效途径是培养他们的抗压力。美国心理学会是这样定义抗压力的：所谓抗压力，是指在面对逆境、困难和强大压力的时候，个体的精神和心理适应的过程。

著名的商业杂志《哈佛商业评论》曾经这样议论抗压力："与学历、经验以及受过的培训相比，个人抗压力的水平才真正决定着谁成功，谁失败。"

日本作家、积极心理学学校校长久世浩司先生，著有《抗压力》专著两种，其中《抗压力·逆境重生法则》是写给职场人士的，另一种《抗压力·亲子篇》则是专门写给学生家长的。久世浩司认为，抗压力比智商和学历更能决定一个人的成功和幸福。他在《抗压力·亲子篇》一书中提出，培养"抗压儿童"

可以从五个领域入手，这五个领域分别是自尊心、情绪调节、自我效能感、乐观性格、人际关系质量。[1]

🎧 挫败感其实很正常

青少年自杀倾向越来越严重，一方面是他们的学习、工作、生活的压力越来越大，另一方面是家庭、学校、社会对其抗压力能力的培养和引导明显不足。

久世浩司在他的专著中分享了许多有益的经验，其中一项是"如何判断孩子是否需要提高抗压力"。不同的孩子，他们在抗压力方面呈现出的弱点并不完全一样。久世浩司归纳总结出十大症状，可供家长来对照检查。

一、在面对挑战时，认为自己不行便很快放弃。

二、与别人相比，容易丧失自信，认为自己天生不行。

三、在学校各种活动中表现不佳，长久闷闷不乐。

四、无端焦虑，被朋友嘲笑会立刻翻脸。

五、从事兴趣爱好和体育活动时，如果不如想象中那样顺利，就会失去干劲，从而放弃。

六、一旦遇到困难或麻烦，就中途退缩。

七、失败一次，总担心下次也会失败。

八、一旦出现问题，就会情绪低落，认为是自己不好。

九、和朋友相处不融洽，苦恼不堪。

---

1. ［日］久世浩司：《抗压力·亲子篇》，苏萍译，四川文艺出版社 2019 年出版。

十、心里不安的时候，选择独自承受。

无论孩子表现出来哪一条症状，家长都需要对症下药，帮助孩子提高相应的抗压能力，而不是放任不管。在这十大症状之中，一和二对应的是自尊心和自信心的培养；三和四对应的是情绪调节；五和六对应的是自我效能感的培养；七和八对应的是乐观性格的培养；九和十对应的是人际关系质量的提升。

孩子抗压力的培养并不需要家长别出心裁，玩什么惊天动地的"把戏"，诸如冬泳、长途跋涉之类。孩子在学习和生活中天天都会遇到或多或少的挫败感，一般都被囊括于这十条症状之中。家长平常只要教会孩子直面问题、迎难而上，再加以适当的引导和训练，就能帮他们磨炼出抗压力。

爱与价值观是抗压力的基石

久世浩司还设计了 20 种生动有趣的亲子训练法，教父母通过和孩子做游戏来培养孩子在五个领域的抗压力。这些做法，对属于发达国家的日本家庭肯定是奏效的；但是，对于发展中的我国来说，如果想收效明显，我认为父母还需要夯实两大基础：一是无条件地爱孩子，二是要学会与孩子平等相处。

有一种浪漫的说法——爱是孩子降临世界的理由，也是孩子健康成长的原因。父母只有无条件地爱孩子，孩子的身心才会发育健全。毫无疑问，绝大多数的中国父母是爱孩子的，但是，这些爱常常是有前提条件的。美籍德裔心理学家埃里希·弗洛姆对爱进行了有系统的研究，他认为无条件的爱和接受是指坚定地爱和接受某个人，而不取决于当时的条件。关于此，我在第二章中也做了详细的分析（本书第 40 页）。如果父母只在孩子给自己带来快乐的时候才爱孩子，这就是有条件的爱。面对父母有条件的爱，孩子并不会觉得父母是在爱自己，还会让孩子产生自卑感而失去自尊心和自信心。

我在第一章中还讲过，父母对于孩子，既是抚养人、监护人，也是平等的人。父母只有把孩子当作跟自己人格平等的人来看待，才能保护好孩子的自尊心，才会将心比心地教会孩子调节情绪，才会以自己为榜样培养孩子的乐观性格，才会跟孩子建立起互助友爱的亲子关系，孩子的人际关系质量才会稳定提升。

三、不妨让孩子吃点儿苦

给孩子们上作文培训课时，我请大家分享自己从小到大最苦最累的一件往事。我先做了示范，讲的是我小时候，利用暑假在烈日下挑砖挣零花钱的劳动经历。当年十一二岁的我，身体瘦削，一天为了挣一毛钱，要挑 10 块青砖走三四公里的路。一趟下来，不仅全身湿透，而且腰酸腿胀、双肩上都是血印。

轮到学生们分享，竟有一半的孩子想不起来自己干过什么累活儿，另一半能想起的，所做的也不过是在家里打扫卫生、包饺子之类的家务事。这让我深思，在这个"压力山大"的信息时代，如果孩子们都没有体验过身体上的苦和累，那么他们又如何经受得起心理上或精神上的苦累折磨呢？我原来给本节所起的题目叫"让孩子吃点儿苦"，刚写几句就觉得有些不痛不痒，于是加上了"不妨"二字。真的，一些苦，不妨让孩子吃一吃吧。

🎧 别怕吃苦，吃苦是福气

家长拒绝让孩子吃苦，容易导向对孩子的溺爱。有关于溺爱的表现，我在第一章里分析过了，前文中对其害处也不乏说明。因为怕孩子吃苦受累，加上现在孩子们学习任务繁重，家长以为让孩子少做事可以帮孩子留出更多的时间去学习。其实，这些想法和做法实质是家长对孩子进行了过多的保护，代替孩子做了过多的事情，不仅是误区，而且还存在着很大的隐患。

孩子总会长大，总会独立生活。家长不可能保护孩子一辈子，更不能一辈子替孩子做孩子自己该做的事情。

从一个人成长的角度看，孩子小时候没有吃过苦的坏处至少有三个：

一是不了解真实的生活，至少对真实生活的经验存在明显缺陷。这个世界并不是完美的，很多时候，生活本身还是残酷的。如果家长时时刻刻都在为孩子遮风挡雨，过多代替孩子承担生活责任，孩子就像在温室中长大的植物，适应社会的能力低下，心智也不健全。

二是给孩子留下娇生惯养的后遗症，诸如好吃懒做、贪图享乐、眼高手低、畏首畏尾、不思进取、怨天尤人等。

三是很难唤醒孩子发自内心的责任感。没有吃过苦的孩子，就不理解收获来源于播种、耕耘的道理。他们会认为"饭来张口、衣来伸手"是天经地义的。我们知道，孩子的学习动机对于学习效果的影响是巨大的，而孩子最强大的学习动机则来自他们内心的责任感。

同样，从一个人成长的角度看，孩子小时候吃过苦的好处至少也有三条：

一是有助于培养孩子健全的心智。生活有苦有甜，有轻松也有劳累。孩子长大后进入社会，总会遇到这样那样的困难，遭遇一些失败也是难以避免的。能吃苦的孩子，面对困难和挫折，他们不会轻易退缩，成功的概率更大。

二是懂得父母劳动之不易，学会感恩。有一位小学三年级的学生曾经在我的作文课堂上分享了一件事：暑假时，因为小区停水，家里一天三餐用完的碗筷都攒到了晚上一起洗，他站在厨房足足洗了一个小时。洗到中途，他的手臂渐渐发酸，这时候他才恍然明白：爸爸妈妈平常洗碗也不容易啊！

三是能唤醒孩子发自内心的责任感。我认为这是从小让孩子吃点儿苦最大、最综合的好处。家长教育孩子，也包括学校和社会教育孩子，其中最基本的一条价值观应该是帮助孩子树立自食其力的观念。上海有一位40多岁的海归，2012年从加拿大滑铁卢大学取得工程硕士学位后回国。从此赋闲不工作，晚上打电脑，白天睡大觉，依靠80多岁老母亲每月3500元的退休金生活。2018年，老母亲身患尿毒症，每月光洗肾的医药费就要2000多元，她没办法，只得把儿子告上法庭。这位老母亲不得不承认，是因为过分溺爱孩子，样样事情包办，儿子依赖惯了，导致儿子不愿意外出工作。

孩子学着做自己力所能及的事情，必然吃苦。父母大可不必为此心疼。

这三种苦，孩子要熟悉

孩子在长大成人的过程中，可能遇到吃苦的事情有很多。这里我讲三种具有代表性的：一是饥饿之苦，二是身体劳累之苦，三是心理纠结之苦。《孟子》里有一段名言："故天将降大任于是人也，必先苦其心志，劳其筋骨，饿其体肤，空乏其身，行拂乱其所为，所以动心忍性，曾益其所不能。"

今天人们的物质生活已经极为丰富，大多数人口都已解决了温饱问题。正常情况下，孩子们不会有饥饿之苦。即便如此，家长教会孩子在某些情况下忍受饥饿之苦，依然是很重要的。饮食是一个人生存的基本条件，虽然我们现在已经有财力购买、储备充足的食物，但是并不能保证每天都能按时就餐；在某些情况下，比如灾祸降临时，也有可能面临饥饿之苦。父母培养孩子对饥饿感的认识和忍耐，既是防患于未然，也是磨砺孩子意志的重要方法。我的具体建议是等孩子上小学以后，每年有那么一至三天，每天只吃两顿饭，饭菜不必可口，每顿饭只能吃个半饱。

至于身体的劳累之苦，我建议家长定期带着孩子一起体验一些强度较大的劳动。合适的年龄段是从孩子五六岁开始，频率上，最初每三个月一次，慢慢可以增加到一个月一次。所谓强度较大的劳动，一是重体力，二是劳动时间长（两小时以上）。比如节假日前后家里的大扫除，拖地、吸尘、擦窗户，一个人做就需要两三个小时，属于劳动时间较长的家务活。再比如亲朋好友要搬家，在保证安全的前提下，去帮助亲友上下楼搬运物品，则属于重体力劳动。

心理纠结可以分为两类情况，一类是主动纠结，另一类是被动纠结。我不建议让孩子们陷于主动纠结。诸如今天上学穿什么、午饭吃什么……这些事情一个人凭感觉做出选择就好，大可不必庸人自扰。而被动纠结就不一样了——两种或更多的选择中只能选一样，各有利弊，选不好还有种种隐忧。一个人在这种情况下必须做出选择，这时就会体验到烦恼。孩子在成长过程中遇到这种选择造成的烦恼，家长千万不要急于越俎代庖，就让孩子自己经历一遍心理纠结之苦吧。

实际上，心理纠结之苦就是"苦其心志"，身体劳累之苦就是"劳其筋骨"，饥饿之苦就是"饿其体肤"。

四、高考前的心理建设：不必毕其功于一役

关于高考这个话题，我是名副其实的"过来人"——39年前我自己参加过高考；5年前，我陪儿子参加过高考。考生和家长临考前的焦虑，我可以说都有体会。

这里，我跟家长朋友们交流一条经验，就是做好高考前的心理准备，也就是所谓心理建设。无论对于考生，还是对于家长，这都是临门一脚前最最重要的功课。

一位美国老太太的故事

我听到过一个真实的故事，也许对考生和家长有所启发。

2007年，家住美国得克萨斯州的温妮老太太乘飞机从达拉斯市去洛杉矶探访女儿。半年前温妮的丈夫去世了，女儿现在是她唯一的亲人。可想而知，不久将与女儿见面的她有多兴奋。飞机在一万米高空飞行，温妮安静地读着手中的

小说。

突然，飞机一阵颠簸，随后机长开始广播："尊敬的乘客，很抱歉，飞机出现机械故障，我们正在努力排除，请乘客在原位坐好，并系好安全带。因为存在重大风险，危及乘客的生命，请有需要的乘客留下遗嘱。"温妮老太太仿佛听到了晴天霹雳，先是全身一阵颤抖，随即赶紧把书放进前面座位背后的置物袋，然后把双手放在胸前开始祷告起来……她祷告时，心中猛然冒出了一个想法——如果飞机的故障顺利排除，飞机将会平安降落洛杉矶，那么她也能与女儿团聚；可是万一飞机的故障排除不了，将会从空中坠落，那么她就会去天上与丈夫团聚。

温妮老太太这么一想，当即认定：无论哪种情况，对她来说都是美好的结局，她都乐于接受。于是，她紧张的心情一下子就放松了，原来抽搐的面部表情平静下来，嘴角展露出微笑。最终，飞机故障排除，按原飞行计划平安降落。

🎧 一场高考会有哪些结果？

高考，毫无疑问是人生的大事，而且是影响一个人前程的大事。在这样的大事面前，除了已经自我放弃的人，没有人会不紧张。我粗略算了一下，一个学生从小学一年级到高中毕业的 12 年里，大小考试（测验）加起来没有 1000 次也有 500 次。在 500 至 1000 次的考试中，一次也没有失过手的人有没有？应该没有，至少我至今没有遇到过或听说过。

学霸也有考砸的时候。月有阴晴圆缺，一个人也有高峰低潮。人不是机器人，做不到一成不变。一个人失过手，即使水平再超高，也有心理阴影。如果失手留下的心理阴影不能解除，以后的考试中也还是会失常。所以说，考生无论水平高低，做好考前心理准备都很重要。

何谓考前心理准备？在我看来，就是考生和家长事先想好高考的种种结果，并接受每一种结果。对于考生或家长来说，一场高考无外乎三种结果：第一种是符合预期，第二种是比预期好，第三种是比预期差。

第一种、第二种结果对考生或家长来说，当然是如愿以偿的，所以不是压力和焦虑的根源。第三种结果与前两种结果是共生关系，而绝大多数考生或家长拒绝把第三种结果想透彻，更不愿意接受第三种结果。但是，对于任何一个考生来说，第三种结果都是有可能出现的，我们必须想到并接受它。如果我们没有事先从心理上接受一种不良后果，它就会变成一把悬在头顶上的达摩克利斯之剑，一直伤害我们。

建议家长与孩子心平气和地谈一谈，交换一下对高考最坏结果的想法，然后达成一致意见——只要努力了，即使没有考好也没有关系。孩子既可以复读，也可以先找一份工作再说。人生路漫漫，不必毕其功于一役。

🎧 不想结果，只想解题

高考前的最后一夜，既让考生期待和兴奋，也让考生备受煎熬。何以解忧？当然不是杜康。最好的心理解药是——不想结果，只想解题。而要达到这样洒脱的心理状态，考生需要提前想好并接受高考的种种结果，特别是没有考好的结果。做到了这一步，才可能不想结果，只想解题。

可能有的老师或家长也会指导考生这么做。遗憾的是，大考当前，越不愿意去想的事情，反而越会跑出来"骚扰"考生。原因在哪里？其实就是事先没有想好、想透。洪水不可抵挡，只可疏导。人生的根本问题也与此类似。既然对糟糕的结果无法避开，那就只有早些想透彻，才可能放下这个重担。该来的都会来，人字两笔，一撇一捺，向左向右，或好或坏，我们都要做好接受的心理准备。

考生一旦接受了高考的种种结果，"后果不堪设想"之类的心魔就会自动瓦解。

五、兴趣会拓展未来发展的可能

随着中国经济的飞速发展，年轻一代的父母越来越重视发展孩子的兴趣爱好。毫无疑问，这是让人欣喜的事情。不过，其中也有一些令人担忧的现象，一个是部分家长给孩子报了太多的兴趣班，比如琴棋书画、播音表演，外加一些时髦的体育运动项目，孩子课余和周末时间被家长带着多地赶场。另一个是有些家长为孩子选择的兴趣爱好在结构上不甚合理，特别是未能做到协调发展，这需要引起重视。

什么是兴趣爱好的协调发展呢？这就是本节要重点讨论的话题。

兴趣爱好与习惯培养

首先得从习惯谈起。对于孩子来说，以什么样的行为习惯去贯穿成长十分重要。

有一句像逻辑链条一样的名言，我们都已经耳熟能详了，那就是"思想决定行为，行为决定习惯，习惯决定性格，性格决定命运"。这四句话里信息量很大，包含五个关键词：思想、行为、习惯、性格、命运。习惯居中，把思想与行为、思想与性格、思想与命运、行为与性格、行为与命运等紧密串联起来，位置举足轻重。

习惯是一个人长期养成的生活方式，短时间内不容易改变，其中有利有弊。我们知道，对一个人来说，一个新习惯的培养至少需要 21 天。而据专家研究，一个人的日常行为 40% 由习惯支配。《钢铁是怎样炼成的》的作者奥斯特洛夫斯基说："人应该支配习惯而决不能让习惯支配自己。"[1]

---

1. 转引自吴伟丽编著：《人文大家的人生智慧课》，太白文艺出版社 2013 年版。

孩子的习惯既受父母行为的影响，也受父母要求的引导。父母培养孩子的兴趣爱好，是帮助孩子养成好习惯的有效途径。

🎧 身、心、灵要协调发展

孩子不仅要有好习惯，还要有广泛的兴趣爱好，但这些都需要跟人性相契合。

所谓人性，简单地说，就是人的本性。孔子说："性相近，习相远也。"直观地看，我们人的本性可以先分为身体和头脑的思维活动两大部分，简言"身"与"心"。

进一步分析，"心"代表的思维活动，又可以分为情感、理智、品德三大类别。我们每个人的大脑，生理学上分为左半脑和右半脑，二者通过胼胝体连接。美国心理生物学家斯佩里博士通过割裂脑实验，证实人的大脑左右半球功能上是不对称的，左半脑的主要功能是负责语言、文字、逻辑、分析之类的工作；右半脑的主要功能更加倾向于对图像、几何、直观的信息进行处理。

但有些事需要左脑和右脑综合运用，才能处理好。例如对价值的评判、理念的认可或否定。有人认为诚实好，撒谎不好；有的人相信神灵存在，有的人不相信。这种在大脑中没有具体的对应部分的思维活动，我把它们单列一类，就是一个人的"灵"。每个人都有灵。

一个身、心、灵协调发展的人才是健全的人。我们家长发掘孩子的兴趣爱好，培养孩子的好习惯，做到身、心、灵协调发展十分重要。

🎧 具体怎样协调发展？

我在 TCL 集团工作了 20 多年，发现不少程序员喜欢下围棋。人工智能机器人阿尔法狗首先在围棋上战胜了人类的顶尖高手，也许跟程序员们的这项爱好有某种关系。我在作文培训班上教过的学生中，有好几名学生的父亲都是做编程出身的，这些孩子都继承了父辈在围棋方面的爱好。围棋是个好东西，我也痴迷过几年。它的特点是烧脑、耗时、喜静。一位做程序员的父亲告诉我，他的儿子在疫情严重的月份里，因为下围棋，可以长时间宅在家里，没有出门玩耍的兴趣，更没有被禁锢的焦躁不安。

这位父亲告诉我的这件事，是触动我谈论这个话题的直接原因。

过去三年，我的作文班培训了几百个学生。每次开课，给这一批次学生上第一堂课时，我总会问他们的兴趣爱好；布置的演讲练习的题目，也是"我的一个兴趣爱好"。我注意到，部分学生的兴趣爱好在身、心、灵上是不协调的。

所谓身、心、灵的协调发展，就是指一个人既要有利于身体健康成长的兴趣爱好，又要有利于心与灵健康发展的兴趣爱好。比如，一个程序员的工作是编程，他主要使用大脑运算进行工作，在身体运动、情感经历、"灵"的活动方面则相对较少。为此，他最好有一项能剧烈消耗体力的爱好，比如足球、篮球、网球、乒乓球、游泳、拳击等。最好再有一项能激发情感的兴趣爱好，比如音乐、舞蹈、绘画、雕塑、朗诵、戏剧等。要是再能有一项磨炼品德的兴趣爱好就完美了，比如登山、阅读历史、野钓、练毛笔字、冬季冷水浴等。

🎧 动静结合最相宜

　　动静结合是中国道家提倡的一种境界，家长们可以借用来协调培养孩子的兴趣爱好。

　　道家的武学修养，既练动功，又练静功，强调动静结合。练动功要"动中有静"，练静功要"静中有动"。就拿形意拳来看，讲求以意念带动肢体。虽然看似静止，实则暗藏招式。动起来讲求节奏变换，有相对静止的时候。这样才能平衡身心。从现代科学的角度讲，"生命在于运动"——这句名言是法国启蒙思想家伏尔泰在 300 年前提出来的。无论孩子还是成年人，学习、工作状态要好，都需要精力充沛。一个人要常常保持精力充沛，需要在三个方面有所保证：一、营养平衡；二、适量的体育运动；三、足够的睡眠。

　　由此可见，家长培养孩子一两项消耗体力的兴趣爱好是必需的。而棋类活动虽然列于"大体育"范畴内，却并不属于此列。

人与动物的主要功能性区别在大脑。人类的高级活动都是烧脑的。我们绝大多数用脑的活动都需要身体静下来。因此，家长也需要为孩子培养一些安静的兴趣爱好，可以锻炼孩子集中注意力的能力，延长孩子在学习时集中注意力的时间。只有注意力能够有效集中，孩子的记忆力、理解力、想象力才能充分发挥作用。

孩子一生中的重要习惯大多会在3—7岁之间养成，家长们要抓住这个关键期，从身、心、灵协调发展出发，培养孩子动静结合的兴趣爱好。

六、后疫情时代，家长可以做些什么？

2020年的春节，很多人的假期计划被突如其来的疫情打乱了。孩子们幻想中的寒假出行也泡了汤。尽管这场疫情让我们失去了很多，但从中习得的经验与教训却是宝贵的。那么作为家长，面对这场疫情，我们可以帮助孩子从中学到一些什么呢？

培养新习惯的现实版课程

这场疫情，在日常生活中带来的最大的变化，就是人们都已习惯出门戴口罩、回家洗手消毒。在我的认知里，身边绝大多数人过去并没有出门戴口罩的习惯。在我居住的广东省惠州市惠城区，即便在农历腊月二十九、大年三十，街上戴口罩的人也还是少数；正月初一、初二两天，戴口罩的人就突然多了起来。接下来的日子里，街上不戴口罩的人反而是极少数了。这个变化，从侧面反映出面对突发状况时人们培养一个新习惯的速度有多快。

疫情以来，人们外出活动的时间急剧减少，孩子们的生活节奏被打乱，在家上网课取代了校园生活，没有同学、朋友一起玩耍的新学期，生活变得枯燥乏味了。但用反向思维来考虑，这种不正常的生活状态却是一个培养孩子应对突发状况的能力以及自学能力的契机。亚里士多德曾说："我们重复做的事情，决定了我们是怎样的人。优秀不是一种行为，而是一种习惯。"著名教育家叶圣陶先生也说过"积千累万不如养个好习惯"。教师们普遍注意到，成绩好的学生跟成绩差的学生之间的最大差别，就在于他们学习习惯的差别。孩子养成一个好习惯，需要外力和内力的共同推动，尤其需要孩子持之以恒的坚持。

在今天这个信息爆炸的互联网时代，生活节奏急遽加快，娱乐活动充斥着我们的生活。这样的生活对于孩子的成长而言，既有有利的一面，也有有害的一面。现在相当一部分中小学生习惯充满动感的生活，不适应相对安静的生活。除了睡觉，一天中他们难得完全安静下来。这种受环境影响的"多动症"消极地影响到了学生的学习效果。这场疫情，也给孩子学会既能"动"又能"静"提供了一段难得的时间。一年有春夏秋冬，一天有白昼黑夜。人们的常态生活本来就该是动与静相结合的，并且该动则动、该静则静，正像《孙子兵法》形容临阵时的军队那样"静如处子，动如脱兔"。

面对这场疫情，我们每个人都可以学到很多平常难以学到的人生经验，孩子们也不例外。

根据我的个人经验，经历某些特殊事件，可以成为唤醒自我内心责任感的催化剂。我们正在经历的这场疫情就是这样的特殊事件。而对于孩子们的成长来说，唤醒他们发自内心的责任感尤为重要。这样的责任感是一个人一生前行的动力，也是孩子们学生时代最有劲、最持久的学习动机。

在非常时期，我们家长需要做好孩子的榜样，用行动引导孩子明白什么是责任、什么是自律。如果孩子们从社会课堂中学到了宝贵的责任感，那么家长的苦心就不会白费。

🎧 让孩子了解你的工作

现如今孩子的痛都是家长的痛。例如，不少中小学生的责任感较差、不能自主学习，总是需要家长、老师去督促。这一现象家长看在眼里，痛在心里。今天，我就给家长朋友们支个招儿——让孩子了解你的工作。

乍一听，家长的工作、孩子的责任感，是风马牛不相及的两件事物，扯得上关系吗？我的回答是：当然扯得上，两者不仅扯得上关系，而且关系紧密着呢。在此，我要郑重地告诉家长，让孩子了解你的工作，不仅能够提高孩子的责任意识，而且对孩子人生道路的影响方面，也意义深远。

且让我从为什么要让孩子了解家长的工作说起。据我们调查统计，孩子们学习时注意力不集中、责任意识差的主要原因是不知道为什么要学。我认为解决这个老大难问题必须三管齐下：一是培养孩子的同理心，让他们的大脑对触动人心的事情更加敏锐，从而体会到家长的苦心；二是拓展孩子的生活范围，让他们打破现有生活的框框，接触到更多的事物，有机会遇到更多触动人心的事情；三是激活孩子的感官，充分调动他们的视觉、听觉、嗅觉、味觉、触觉，使其信息接收系统更加敏锐，在同样的生活经历中捕捉到更多有用的信息。

家长朋友们，让孩子了解你的工作，无论对于培养孩子的同理心，还是拓展孩子的生活范围、激活孩子的感官都具有无可替代的作用。

感恩是一个人有同理心的重要体现之一，一个对父母的生养之恩都无动于衷的孩子，他们的品格必定十分可疑。如何让孩子懂得对父母感恩，各位父母首先要做好榜样，其次就是利用一切可能的机会让孩子体会你的辛劳，其中一件事情就是让孩子了解你真实的工作情况。我在第二章讲述

"Where？在哪里陪伴孩子"时也提到过，家长可以在有条件的情况下，带孩子到自己工作的地方，一方面这是家长陪伴孩子的一种方式，另一方面，也是孩子进一步认识和理解父母的一种方式。比如，利用寒暑假带孩子去你的单位待上一整天。这一整天不是让孩子去做作业或者玩耍，而是做你的跟班或徒弟，让孩子近距离观察你是怎么工作的。生活中的爸爸妈妈只是家长的一个侧面；工作中的爸爸妈妈则是家长的另一个侧面。只有把这两个侧面合起来，孩子眼里的家长才是完整的。

今天的中小学生，主要的生活范围可以用"两点一线一屏"来概括。所谓"两点"，就是住家一个点、学校一个点；"一线"，就是从家到校和从校返家这条路线；"一屏"，就是手机、电脑这一块屏。如何有效地拓展孩子的生活范围？有一个重要而易得的资源常常被家长们忽略——那就是父母的工作。父母的工作和所在行业，是每个孩子了解社会的重要窗口。

社会是由各行各业及其从业者组成的。想让孩子认识社会，最佳的方式莫过于从了解父母工作的行业开始。不管家长从事哪一类具体工作，总还是能纳入社会某个行业的。无论哪个行业，无论什么岗位，总有适合孩子去了解和汲取的经验。比如：这个行业是做什么的？向社会提供什么产品或服务？社会为什么需要这些产品或服务？父母每天上班究竟在做些什么？父母做的工作对同事或社会有什么帮助？……

等孩子逐渐搞清楚了这些问题之后，他们就会明白自己的学费、零用钱是怎么来的。以此为切入点，他们对社会的认识和思考还会不断深入。

俗话说：外行看热闹，内行看门道。家长们在某个行业干得久了，也就是某个行业的行家，也可以指导孩子看出许多门道，激活孩子的感官。家长让孩子了解自己的工作，不仅是在把自己的部分从业经验教给孩子，也是在培养孩子解决问题的能力。

家长不要担心自己从事的职业不够"高级"，教不了孩子什么。要知道，社会的各种职业之间，只有分工不同，本质上并无高低贵贱之分。

如果某位家长是在农贸市场卖家禽的摊贩，这位家长必然拥有丰富的辨别土鸡与饲料鸡的经验。家长可以把这份经验教给孩子。传授经验的过程，其实就是激活孩子的视觉和触觉、积累知识的过程。

不管家长在单位任什么样的职务，所在岗位属于高层也好，基层也罢，都一定会有自己所经历的艰难之处。孩子对父母的工作有所了解，就有可能理解父母的不容易，从而增强学习动力和责任感。让孩子看到父母在工作中遇到的困难和所做出的挑战、努力及坚持，他们就会明白父母给的每一分钱都不是天上掉下来的，而是用汗水和心血换来的。

我在生活拓展课上曾向学生们分享过我的经历——我父

亲的工作是如何对我的一生产生影响的。我的父亲在重庆一家汽车零配件厂工作，我童年时代的寒暑假不少时间是在父亲工作的工厂度过的。我从小见识了汽车零配件从铸造到机械加工的整个过程。儿时的耳濡目染，对我日后的管理风格和思维习惯的养成产生了重大影响。这么多年过去了，我仍然喜欢反复向我的学生们讲一个细节——当年从事机械制造的工人和技术人员，每天手上都沾满了油污，这些油污只用肥皂是洗不干净的，他们只有先用长江里的河沙在手上反复揉搓，再用肥皂才能洗干净。我从中懂得了父辈的艰辛，始终对父亲深怀感恩之心。

后疫情时代，一家人相处的时间越来越长，彼此沟通和加深了解的契机也越来越多。在新的相处模式形成的过程中，家长能为孩子做的事还有很多，有待家长自行体会和发掘。同时，家长也不妨想一想可以让孩子为自己、为这个家做些什么。相互付出不仅有助于家庭成员关系更加密切、情感联系更加坚韧，也有助于孩子在与家人相处的过程中承担更多的责任、明白一些与真实的生活息息相关的道理。

家庭教育的九大问题及对策

问题一：

以为学校教育比家庭教育重要，甚至放弃了家庭教育

表现	家长把教育孩子的责任完全交给学校，以为学校会解决所有的问题
原因	对学校功能和家长职责有误解和偏见；夫妻双方工作都太忙，无暇顾及
危害	实际上，学校教育与家庭教育各有所长、相辅相成，彼此不可相互取代。父母不承担家庭教育责任，就很可能会为孩子的发展埋下隐患
对策	提高家长对家庭教育重要性的认识，明白正误，纠正偏见

问题二：

"丧偶式"育儿

表现	父亲在孩子教育中严重缺席，家庭教育的压力由母亲全部承担，母亲就像没有配偶一样
原因	父亲以工作忙为理由，对孩子的教育不闻不问
危害	孩子的人格塑造时期，父亲、母亲的角色缺一不可。"丧偶式"教育容易造成男孩性格女性化、女孩性格男性化等问题
对策	父母沟通，父亲全面认识自身角色，多抽时间陪伴孩子

问题三：

"言传"重于"身教"，甚至言行不一

表现	家长喜欢说教，不注重以身作则，有时甚至对孩子说一套、做一套
原因	家长教育孩子的方式方法有问题，或其本身就是言行不一的人
危害	孩子在小时候主要以父母作为自己的榜样，家长言行不一可能会培养出一个小"两面派"
对策	家长需要反思自身的言行，只有自觉改正自身的毛病，才能为孩子做出正确的、具有唯一性的表率

问题四：

为孩子做得太多

表现	对孩子的事情大包大揽，过分关注孩子的一言一行，却不让孩子自己动手做该做的事情
原因	客观方面，现在的孩子学习任务太重；主观方面，家长心疼孩子，同时误以为只要孩子学习好就万事大吉了
危害	孩子会误以为自己的学习和人生都是为了家长而存在的，并容易跟父母讲条件
对策	改变家长的认识，让孩子从小做该做、能做的家务，承担自己应负的责任

问题五：

过多随意，甚少规矩

表现	家长不提前与孩子共同制定生活、学习的规则，而是事到临头随意处置，导致孩子从小没养成自律的习惯
原因	家长素质不高，不懂得自律的重要性
危害	孩子成长过程中会越来越不服管教
对策	家长有意识地提高自身素质，同时参加一些专业的育儿培训班学习

问题六：

只关心学习成绩，不关心孩子的精神世界

表现	家长只重视孩子的学习成绩，以为学习成绩就是一切，忽略了孩子的精神世界，尤其是心理健康和人格塑造
原因	家长的价值观存在严重偏差，同时受社会不良风气的误导
危害	人格不健全的"学霸"可能既危害家庭又危害社会
对策	家长要纠正、完善自己的价值观，让孩子认识到心理健康、人格健全与学习成绩好缺一不可

问题七：

对孩子期待过高，揠苗助长

表现	家长不能接受孩子成为普通人。总想让孩子步步领先，给孩子报了无数个兴趣班、辅导班，脱离了孩子的实际情况和家庭条件，结果适得其反
原因	客观原因是社会的竞争压力和"庸俗成功学"的诱导；主观原因是家长都有望子成龙、望女成凤的期待
危害	如果家长的愿望不符合孩子的实际情况，会既苦了孩子，又让自己失望
对策	请家长学习建立朋友型的亲子关系，"自食其力、健康、快乐才是最大的成功"。家长要找到自己的愿望、孩子的兴趣爱好与能力、社会需要这三者的结合点

问题八:

父母一个"唱红脸",一个"唱白脸"

表现	管教孩子的责任主要由父母中的一方承担,对孩子要求严厉,经常情绪化地指责孩子,"唱红脸";另一方则常常充当缓和矛盾的角色,"唱白脸"
原因	父母自以为这是刚柔并济地教育孩子的方法
危害	无论是慈母严父、还是慈父严母,都会导致孩子对父母中"唱红脸"的一方产生隔阂,容易造成家庭矛盾
对策	统一标准,按规则办事

问题九：

批评与鼓励的分寸把握不好

表现	家长对孩子的教育要么过于严厉，要么过于放纵，要么鼓励与批评的方式不当。比如鼓励的缘由不具体，批评时又上纲上线
原因	家长教育孩子的方式太过于情绪化，不尊重孩子
危害	批评得过多，会让孩子缺乏自尊和自信； 对孩子过于放纵，容易导致孩子缺乏责任感； 鼓励与批评的理由和指向不具体，则可能误导孩子
对策	家长跟孩子相处不能太情绪化，建议有严重情绪问题的家长参加一些专业的育儿培训班

✎ 后记

谁在教我们做父母？

这些年做教育培训行业，教孩子写作文，我听到的貌似有理却荒唐至极的言论莫过于一种说法：从来没有人教过我们怎样做父母，我们就已经做了父母。

我之所以认为这种说法"貌似有理"，是因为天下父母中的绝大多数恐怕都没有上过什么培训班，就在孩子出生时发出的一声啼哭里做了父母。但是，真的就没有人教过我们如何做父母吗？！

我之所以认为那种说法荒唐至极，是因为人们做父母从古至今从来不需要先取得什么"资格证书"。黑格尔说：存在即合理。更何况，前面那种说法中，带着对"教"与"学"的理解的强烈的世俗偏见。

不过，我真要把"貌似有理"与"荒唐至极"说清楚，就得回答一个问题：

究竟谁在教我们做父母？

做父母的经验来自成长

眼下，八〇后、九〇后的父母"鸟枪换了大炮"，愈发懂得"知识就是力量"的道理，甚至多少有些迷信"知识改变命运"，对于孩子的教育不惜血本。他们中的一部分人无形中也对教育和学习形成了一些偏见，那就是以为只有在课堂上听老师讲课才是学习或接受教育。其实，这部分人忘记了一项常识：生活是最好的课堂，人们的很多经验和知识是在实践中学到的。

父母教育孩子是一项复杂的工程，当中大道理并不多，因材施教的场景却是千变万化的。一对夫妻培养教育一个孩子，个性化的独特因素很多，如果想在学校的课堂上包学包会，仅从时间成本上讲，就几乎不可能。所以，古今中外，我们做父母的经验与知识主要来自个人成长。

谁在教我们做父母？我们的第一任老师就是我们的父母大人。我们的原生家庭是我们学习做父母的第一课堂；街坊邻居、熟人、陌生人教育孩子的零星场面，是我们学习做父母的第二课堂。从小，我们的父母怎么教育我们，旁人怎么教育他们的孩子，都会留在我们的记忆里，或正面，或负面，或中性。等我们做了父母，它们都会冒出来发挥作用。可以说，在不经意之间，我们就被人教会了如何教育孩子。至于说我们教得对不对、好不好，那是另一回事。

自学是做好父母的重要途径

我注意到，在学习教育孩子方面，多数妈妈比爸爸更有责任心和学习能力。我相信，不少准爸爸都已经留意到，当妻子怀孕以后，家里就多了一堆书，都是有关育儿的。这个现象同时说明，除了我们自己从成长经验中获得的知识，主动的自学也是做好父母的重要途径。

在本书里，我阐述了"一个人学习能力的核心是自学能力"这样的观点。对于孩子们来说是这样，对于父母来说也是一样。对我们这些父母来说，自己度过的儿童、少年时期里，双亲的一举一动都是我们如今做父母的参考，但是缺乏目的感和针对性。当我们即将做父母，或者处于教育孩子的过程中时，免不了有这样那样的疑问，从疑问生出来的求知欲，会促使我们向亲朋好友们请教、向书本请教——这些都是自学。

父母在培养教育孩子的十几年中，可能遇到的具体情况数不胜数、千变万化，很少人能做到逢山开路、遇水搭桥、见招拆招，必须具备一定的自学能力才能适应未来的无穷变化。比如：孩子好动怎么办？孩子不喜欢学习怎么办？孩子青春期叛逆怎么办？做父母的预先学习和了解一些道理、方法论，而具体的应对方法则可在生活中随学随用，这也更加符合实际。

价值观与社会经验也是导师

我们向我们的父母等长辈学习如何做父母，一部分经验可以言说，另一部分经验不可言说，只可意会，情况极端复杂。举例来说，如果父母辈打骂我们，等我们长大了，可能理解，也可能不理解；可能认同或部分认同，也可能不认同；可能不打骂自己的孩子，也可能会打骂自己的孩子。因为我们是人，跟孩子长期相处，总会露出一些本性，我们的理智、情感、意志交叉左右着我们的行为。一位通情达理的父亲也会有蛮不讲理的时候，一位温柔善良的母亲偶尔也会尖酸刻薄地爆发情绪。

以我的经验，下一代并不会简单克隆上一代的教育方法。孩子在成长过程中，面对父母不妥的做法时，很有可能会在内心想，自己长大了，决不这样对待自己的孩子。有一些人后来做到了，有一些人却做不到。

为什么会这样呢？因为我们教育孩子的过程是漫长的，在一些情况下，常常需要父母迅速做出反应，这时候起作用的是习惯或本能，并不是所谓知识。一个人的习惯是长期养成的，一时学到的育儿知识或别人的经验，很难派上用场。

我们在生活中的行为习惯，主要来源于长期的社会经验，其背后的"定海神针"是价值观。价值观和社会经验也是我们教育孩子的导师，它们悄无声息地在教我们如何做父母。总而言之，虽然我们在家庭教育方面没有名义上的老师，实际上生活就是我们的家庭老师，所有人都可能是我们的家庭老师——父母、邻居、路人、书本……

　　教育孩子的道路漫漫，诸位家长须上下而求索。这本书是我个人成长经验和育儿经验的总结，也许带有浓厚的个人色彩，也许其中的观点还有待更多的实例来验证，但愿能为诸位提供有益的帮助和借鉴。更希望读者们与我交流、对我的观点提出指正，在交流之中，我们彼此可增益更多。这也是我做此总结的一份心愿。

　　　　　　　　　　　　　　　　　　　　阿　吾

　　　　　　　　　　　　　　　　　2021 年 4 月 9 日

全国总经销

捧读文化
触及身心的阅读

出 品 人　张进步　程 碧

特约编辑　巩亚男　方黎明
封面设计　陈旭麟 @AllenChan_cxl
内文排版　冯紫璇　杨瑞霖

新 浪 微 博

京 东 专 营 店

出版投稿、合作交流，请发邮件至：innearth@foxmail.com
了解新书，图书邮购、团购、采购等，请联系发行电话：010-85805570